Uwe Koch/Franz Biermann

Das Dessert

Uwe Koch/Franz Biermann

Das Dessert

Handbuch für Profis

Planung, Organisation und
Herstellung von Dessertbuffets
und Tagesdesserts

MATTHAES VERLAG GMBH

Vorworte der Autoren

Dieses Fachbuch, lieber Leser, soll die Verbindung zwischen traditioneller Konditorei, gehobener Gastronomie und den Eisherstellern schaffen. In der Regel gehören Letztgenannte keiner Organisation an, was die Aus- und Weiterbildung gerade für diese erschwert. Während der letzten 6 Jahre in unserer Eisfachschule fielen mir besonders die Bedürfnisse dieser Berufsgruppen auf.

Der Gastronom erhält in diesem Buch wertvolle Tipps und Tricks für die Herstellung und Vermarktung von kompletten süßen Buffets sowie Anregungen für erprobte Eis- und Tagesdesserts. Einfache und vielseitige

Abwandlungen, ausgerichtet auf schnelle Herstellungsmethoden, ermöglichen einen Erfolg versprechenden Anreiz, um die Angebotspalette zu erweitern. Der Konditor kann unter Berücksichtigung saisonaler Spezialitäten die mittlerweile in den meisten Betrieben vernachlässigten Eistorten, Eisbomben und Desserts mit seinen kreativen Dekorationen zum Ganzjahresgeschäft machen. Der Eishersteller erhält die nötigen Informationen, wie er sein Verkaufsgeschäft mit den süßen und eisigen Gaumenfreuden steigern oder optimieren kann.

Für die kalte Jahreszeit sind unsere Spezialitäten übrigens auch bestens geeignet. Die Herstellung von wohl schmeckendem Speiseeis ist keine Zauberei, sondern lediglich die Schlussfolgerung physikalischer Eigenschaften der hierfür gewählten Rohstoffe. Ich freue mich sehr darüber, dass ich meinen langjährigen Freund Franz Biermann als Autorenpartner für dieses Werk gewinnen konnte. Unsere gemeinsamen Aktivitäten und Erfahrungen rund um das Catering-Geschäft stellen wir Ihnen gerne ausführlich vor. Es ist gerade in der jetzigen schwierigen Zeit ratsam, einfache und verkaufsfähige Lösungen zu finden, um das Angebot so vielfältig wie möglich zu gestalten.

In diesem Fachbuch werden die Stärken und Schwerpunkte des Berufs Konditor mit denen des Küchenmeisters kombiniert, denn die Erfahrung zeigt, dass beide Fachleute völlig differenzierte Meinungen über Arbeitsabläufe und Präsentation eines Produkts haben. Eine harmonische Zusammenarbeit zwischen beiden Berufsgruppen ergibt allerdings dann die Krönung für Auge und Gaumen, das „Dreamteam" im modernen gastronomischen Betrieb.

Nehmen Sie die Herausforderung an, unsere bereits erfolgreich erprobten Arrangements und Kreationen in Ihr Unternehmen zu integrieren.

Nun wünsche ich Ihnen viel Spaß bei der Umsetzung und würde mich über Ihr Lob oder Ihre konstruktive Kritik freuen.

Uwe Koch
Konditormeister und Leiter der Eisfachschule Iserlohn

Wer heute moderne, zeitgemäße Dessertbuffets und Tagesdesserts optimal herstellen möchte, benötigt sichere, gute Rezepturen und intelligente Konzepte.

In diesem Werk werden in der täglichen Praxis bewährte Rezepturen und Herstellungstechniken in leicht verständlicher Form vorgestellt.

Es gibt die Möglichkeit – auch für Nicht-Pattissiers –, erstklassige Dessertbuffets sowie eine Vielzahl von Tagesdesserts herzustellen.

Dem Trend nach gesunder Ernährung folgend, sind alle Desserts aus natürlichen Rohstoffen hergestellt. Deklarierungspflichtige Zutaten wurden nicht verarbeitet. Bei den hier gezeigten Herstellungstechniken benötigen Sie keine Farbstoffe, Emulgatoren, künstliche Aromen oder Konservierungsstoffe.

Ein erstklassiges Dessert herzustellen ist (k)eine große Kunst. Mit unseren Rezepten und Anleitungen wird es Ihnen gelingen.

Viel Erfolg!

Franz Biermann
Küchenmeister und Konditor

Dank der Autoren

Danke möchten wir all denen sagen, die uns unterstützt haben, dass dieses Fachbuch entstehen konnte. Von der Idee bis zur Realisierung eines solch aufwendigen Projekts ist die Hilfe vieler Personen und Firmen nötig, denen wir für ihren Einsatz und ihre Hilfsbereitschaft unseren Dank aussprechen möchten.

Die Sponsoren, die uns sehr unterstützten, sowie deren Produkte finden Sie im Anhang des Werks. Aber auch die kleinen und großen Helfer wollen wir nicht unbeachtet lassen und namentlich erwähnen:

Da wäre zuerst unser Kollege Horst Birekoven zu nennen, der sofort seine fachliche Hilfe zugesagt hat, den Bereich Eisskulpturen zu übernehmen und mit außerordentlichem, persönlichem Einsatz die benötigten Stepps der Eismeißelkunst demonstriert hat.

Die Firma WMF, die uns einen außerordentlich großen Fundus an Präsentationsmaterial kostenfrei zur Verfügung gestellt hat.

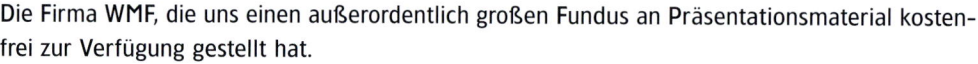

Edelstahlbau Markus Wache, der nach unseren Vorstellungen den Edelstahlrahmen für die Präsentation der Eisfiguren fertigte.

Das Fototeam vom ACA Fotostudio aus Deilinghofen mit Chef Alexander Rabl, Fotograf Jörn Meisterjahn, Assistent Ismail Güngör vor Ort und einem tollen Team im Studio, EBV Julian Tietz, verdanken wir die erstklassigen Aufnahmen. In der mehr als 10-tägigen Fotosession hat das Team mit viel Geduld und Ideen unsere Produkte abgelichtet. Der passionierte Hobbykoch Alexander Rabl bewirtete uns sogar einstweilen mit kulinarischen Leckerbissen zur Mittagspause, die als hervorragender Ausgleich zu den ansonsten fast durchweg süßen Speisen bei allen Beteiligten ankamen.

Hartmut Korten vom Porsche Zentrum Lennetal, der mit seinem Team und Organisationsgeschick dem live präsentierten Buffet Schwanensee den tollen Rahmen gab und somit zu dem großen Erfolg maßgeblich beigetragen hat.

Heinrich Drepper aus Sümmern, der mit seinem Landmarkt für die Top-Qualität der benötigten frischen Produkte gesorgt, uns seine Kühlfahrzeuge und endlose Mengen Crushed Ice sowie das benötigte Geschirr für über 200 Gäste zur Verfügung gestellt hat.

„Unser" Eiermann Helmut Hankel aus Sümmern, der uns mit frischen und pasteurisierten Eiern stets früh morgens versorgte.

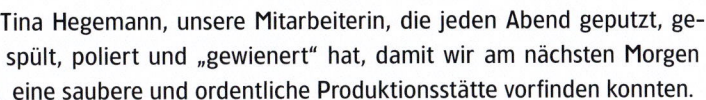

Tina Hegemann, unsere Mitarbeiterin, die jeden Abend geputzt, gespült, poliert und „gewienert" hat, damit wir am nächsten Morgen eine saubere und ordentliche Produktionsstätte vorfinden konnten.

Tobias Biermann, der sogar an seinem 25. Geburtstag tatkräftig mit anpackte, als es um den Auf- und Abbau des großen Buffets ging.

Unsere Ehefrauen Angela und Eva, die während der langen Schreib- und Produktionsphasen auf uns verzichten mussten und uns ständig durch kleinere und größere Besorgungen tatkräftig unterstützt haben.

Nicht vergessen möchten wir natürlich auch das Team vom Matthaes Verlag mit Bruni Fetscher, Silvia Leitz, Karin Jambor und den vielen Helfern im Hintergrund, die wir namentlich gar nicht kennen. Sie haben nicht nur ihre Aufgaben in Sachen Buchherstellung außerordentlich gemeistert, sondern auch bei allen sich bietenden Gelegenheiten tatkräftg zugepackt.

Unser Lob und unser Dank gilt all diesen Menschen, die aus unserer Idee zu diesem Fachbuch dieses Werk haben entstehen lassen. Vielen Dank euch allen,

Uwe & Franz

Inhalt

Vorworte der Autoren   4

Dank der Autoren   6

Einleitung   10

Dessertbuffet „Schwanensee"   16

Aufbau   16

Organisation   18

Eisgletscher   20

Aufstellen einer Eisskulptur   24

Show „Feuer und Eis"   26

Eisskulptur, Variationen   30

Bilderbogen   34

Rezepturen   38

Tagesdesserts   56

Dessertbuffet „Aquarell von frischen Früchten"   66

Aufbau   66

Organisation   68

Schokoladenskulptur   70

Schauplatte aus Früchten   74

Rezepturen   78

Tagesdesserts   100

Dessertbuffet „Zum Wohl"   110

Aufbau   110

Organisation   112

Rezepturen   114

Tagesdesserts   118

Dessertbuffet „Winzerfest"   120

Aufbau   120

Rezepturen   122

Tagesdesserts   126

Dessertbuffet „Apfeltraum"   128

Aufbau   128

Rezepturen   130

Tagesdesserts   136

Dessertbuffet „Kaffeekränzchen" 138

Aufbau **138**

Organisation **140**

Rezepturen **142**

Tagesdesserts **148**

Dessertbuffet „Das schnelle Buffet" 150

Aufbau **150**

Organisation **152**

Rezepturen **154**

Tagesdesserts **158**

Eiskalte Desserts 162

Eisbecher und Kaltgetränke **162**

Rezepturen **168**

Käsedesserts 172

Rezepturen **172**

Basics 188

Backprogramm **188**

Kuvertüre/Schokolade **192**

Zucker **196**

Background **200**

Zubehör **208**

Rohstoffkunde **212**

Fachbegriffe **214**

Register 216
Bezugsquellen 220
Autoren/Impressum 222

Inhalt

Einleitung

Einleitung

In den einzelnen Kapiteln dieses Fachbuchs werden Grundherstellungsmethoden von Speiseeis, Cremes, Parfaits, Dekors und vielen Dessertvarianten beschrieben. Obwohl eine große Anzahl Rezepturen und Verarbeitungsmöglichkeiten auf den folgenden Seiten stehen, gilt immer das Motto „Nichts ist unmöglich!" Es obliegt der Kreativität des Einzelnen, neue Kreationen zu schaffen oder bewährte Rezepturen weiterzuentwickeln. Es können an dieser Stelle lediglich Anregungen sein, um auch die Einfachheit bei der Herstellung von einzelnen Desserts bis hin zum kompletten Themenbuffet zu verdeutlichen. Die beschriebenen Schaustücke können je nach Anlass beliebig oft verwendet werden und passen in der Regel zu jedem Buffet. Zu jeder Rezeptur ist die Herstellungsweise beschrieben, eine Übersicht, wie Grundrezepturen verarbeitet werden, findet sich im Kapitel „Grundlagen". Der Profi wird in der Regel bereits am Aufbau der Rezeptur die Verarbeitungsweise erkennen. Bei der Philosophie, so viel natürliche Verarbeitungswege wie möglich zu beschreiben, haben wir die rationelle Herstellung nicht vergessen. Teilweise wurde ein entsprechendes, von der Industrie angebotenes Produkt verarbeitet. Hier haben wir natürlich nur die besten Qualitäten verwendet. In der Rubrik „Bezugsquellen" ist nachzulesen, bei welchen Firmen die Produkte erhältlich sind.

Wer die Rezepturen beachtet, kann zu seinem Standardangebot eine breite Palette feiner Spezialitäten anbieten. Dieses gilt sowohl für Gastronomen wie auch für Konditoren, Bäcker und Eishersteller. Ein Eisbuffet kann gerade in saisonal umsatzschwachen Zeiten zum Auffangen und zur Stärkung des Umsatzes beitragen. Beginnen Sie mit Arrangements, die einfach herzustellen sind und professionell umgesetzt werden können.

Handhabung der Rezepturen

Die Rezepturen sind auf gebräuchliche Mengen ausgerichtet. Es empfiehlt sich, diese nach den Vorgaben der Mengenkalkulation, die im Buch zu jedem Themenbuffet vorhanden ist, auf die tatsächliche Personenanzahl hochzurechnen. Natürlich können alle Produkte, die in der Mengenkalkulation aufgeführt sind, durch ein gleichwertiges ausgetauscht werden. Im Sommer werden gerne Cremes gegen Eis, Parfait oder Sorbet getauscht. In der kälteren Jahreszeit wird lieber auf gehaltvollere Cremes und Füllungen zurückgegriffen. Es ist in der Regel angebracht, sämtliche Desserts mindestens einen Tag vor dem Gebrauch anzufertigen, um ein gutes Anziehen beziehungsweise Durchgefrieren zu gewährleisten. Das Aroma wird durch diesen „Reifeprozess" ebenfalls positiv beeinflusst. Die Dekors wie Schokoladenornamente, Hippengebäck usw. können selbstverständlich rationell vorgefertigt werden. Es sollte allerdings eine trockene, dunkle und kühle Lagerung gewährleistet sein. Am besten eignen sich hierfür Kunststoff- oder Metallbehälter mit Deckel. Überzüge, Ganaches und Variegati müssen in der Kühlung aufbewahrt werden. Bei diesen Produkten ist eine Lagerung von bis zu 2 Wochen kein Problem. Die gekochten Frucht- und Dessertsaucen können sogar portionsweise eingefroren werden, was natürlich einer rationellen Herstellung sehr entgegenkommt.

Präsentationsmaterial

Es ist ratsam, einen Fundus an Präsentationsmaterial aufzubauen, auf den bei Bedarf Zugriff genommen werden kann:
- Verschieden hohe Sockel oder Unterbauten, um Platten in verschiedenen Höhen präsentieren zu können. Farbige Tücher, um Unterbauten zu verdecken.
- Etagenständer, um Aufbauten herzustellen.
- Floristisches Material wie Reisig, Seidenblumen und Trockengestecke.

Dekorationsmaterial zu verschiedenen Anlässen
- Ostern, Advent, Erntedank, Hochzeit, Silvester.
- Strandparty, Spargelzeit oder andere Aktionen.
- Verschiedene Beleuchtungskörper und Kerzenständer.
- Alte Waffeleisen, Spekulatiusbretter usw.

Die Liste erhebt in keinem Fall den Anspruch auf Vollständigkeit, sie soll anregen, stets die passende Präsentation zu wählen.

Präsentationsvarianten

Wenn die Gegenstände und Hilfsmittel, die zur Präsentation einer Eis- oder Schokoladenskulptur notwendig sind, z. B. Rolltisch, Plastikfolie und Rohlinge, vorhanden sind, lassen sich diese auch zu anderen Gelegenheiten einsetzen.

Beispiele für weitere Verwendungsmöglichkeiten
- Beim Jahreswechsel: Jahreszahlen.
- Bei einer Firmenfeier: Firmenlogo oder ein Produktionsteil.
- Bei einem bestimmten Hobby: Fisch, Cabriolet oder Spielkarte.
- Für einen Sportler oder Verein: einen Tennisschläger, Fußball, Kegel oder ein Pferd.
- Einfrieren eines Gegenstandes: Rose, Maurerkelle und Wasserwaage, einen Schlittschuh oder eine Malerpalette in einen klaren Gletscher (siehe Seite 21).
- Einfrieren von Geschenken: Schmuck, Bücher oder Geldgeschenke, die gegebenenfalls vakuumiert werden müssen.

Einleitung

Bei einem aufwendigen Dessertbuffet ist eine gründliche Planung Grundvoraussetzung für ein gutes Gelingen. Eine ausreichend große Stellfläche muss vorhanden sein, um ein Dessertbuffet angemessen präsentieren zu können. Es sollte an einem kühleren Ort aufgebaut werden und nach Möglichkeit von den Gästen einsehbar sein.

Unter Berücksichtigung der Gegebenheiten des Raums wird festgelegt, in welcher Form die Tische aufgebaut werden und an welcher Stelle das Highlight platziert wird.

Hieraus muss sich eine natürliche Laufrichtung ergeben, idealerweise auf den Blickfang zu. Unterstützt wird dieses durch ein geschicktes Platzieren der Dessertteller. Ausreichend Platz muss hinter dem Buffet oder im Buffet selbst vorhanden sein, um auch ein Vorlegen der Desserts zu ermöglichen.

Das fertig aufgebaute Dessertbuffet muss harmonisch wirken. Dies erreicht man durch verschiedene Größen der Platten, durch die farbliche Anordnung und durch das Platzieren auf verschiedenen Ebenen. Wichtig sind ein sicherer Stand und eine gute Erreichbarkeit der Platten. Bei großen Buffets ist es empfehlenswert, jeweils von den Enden zur Mitte hin zu planen und dementsprechend aufzubauen. Die nachfolgenden Grafiken zeigen Möglichkeiten der Buffetanordnung auf.

Die Präsentation eines speziellen Blickfangs (Eisskulptur) ist auch bei einer Vorspeise möglich. Ein Schwertfisch, mit Meeresfrüchten umlegt, kann auf die gleiche Art und Weise zur Eröffnung eines Buffets präsentiert werden.

Mengenberechnung

Nach einer Menüfolge oder einem Buffet benötigt man durchschnittlich pro Person:

100 bis 140 g Früchte
60 bis 120 g Speiseeis oder Parfait
40 bis 80 g Mousse oder Creme
40 bis 80 g Sauce
30 g Gebäck

Fachlich richtige Buffetanordnungen

Um eine gewisse Harmonie beim Buffetaufbau zu erreichen, ist eine Planung des Aufbaus nötig. Wie viele Platten, Schüsseln oder Gruppen (Arten) werden angerichtet, und wie groß ist der Platzbedarf? Ist dieser ermittelt wird entschieden, wie und wo das Buffet aufgebaut wird. Eine kleine Skizze ist hierbei hilfreich. Die benötigte Fläche wird in Zonen eingeteilt und nach Gruppen geordnet. Ein kleiner Zettel als Platzhalter auf dem Buffet sowie das Platzieren der Produkte – zuerst außen und dann in der Mitte – erspart ein unnötiges Hin- und Herschieben der Platten und Schalen beim Aufbau des Buffets.

Vorschlag 1

Diese Anordnung eines Dessertbuffets eignet sich bei großzügigem Raumangebot. Es ist gleichschenklig, seitengleich bestückt aufgebaut. Der Stand des Servicewagens gibt die Laufrichtung des Buffets vor: Nach rechts und nach links. In der Zone 1 steht der fahrbare Tisch mit der Eisskulptur als Blickfang. Eingerahmt wird er in der Zone 2 von mehrstöckigen Aufbauten. In der Zone 3 stehen Platten, in der Zone 4 Platten auf Podesten, in der Zone 5 Schalen mit Cremes, in der Zone 6 wiederum Platten auf Podesten. Die Platten in den Zonen 4 und 6 sind schräg auf die Dessertschalen ausgerichtet. In der Zone 7 sind kühlbare Rechauds für Sorbets platziert, daneben in der Zone 8 Tortenständer in verschiedenen Höhen. In der Zone 9 befindet sich eine große Platte, dahinter ebenfalls eine große Platte, schräg dahinter eine hohe Etagere mit Dessertgebäck.

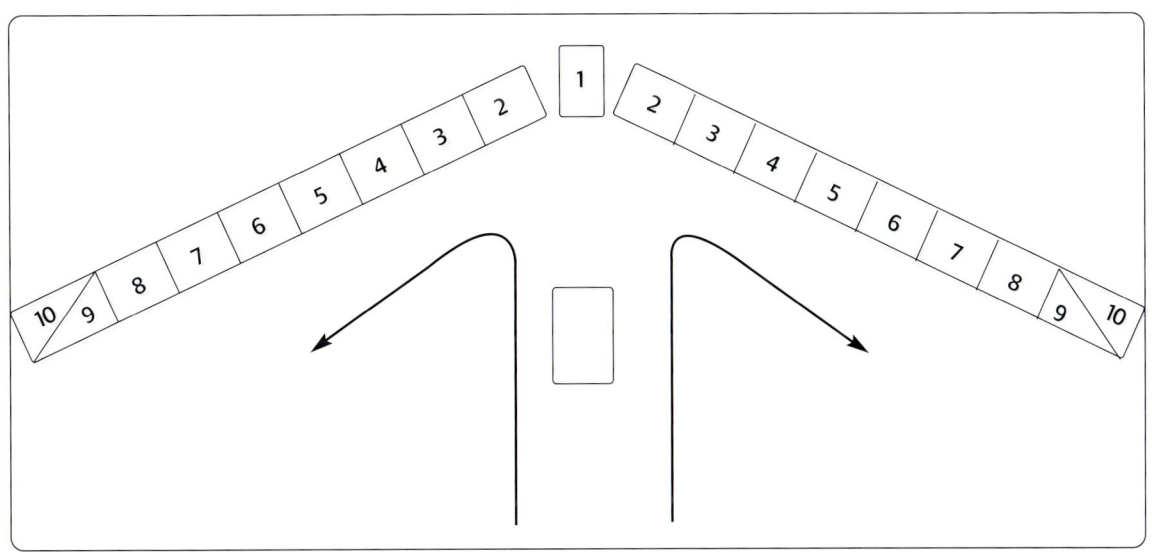

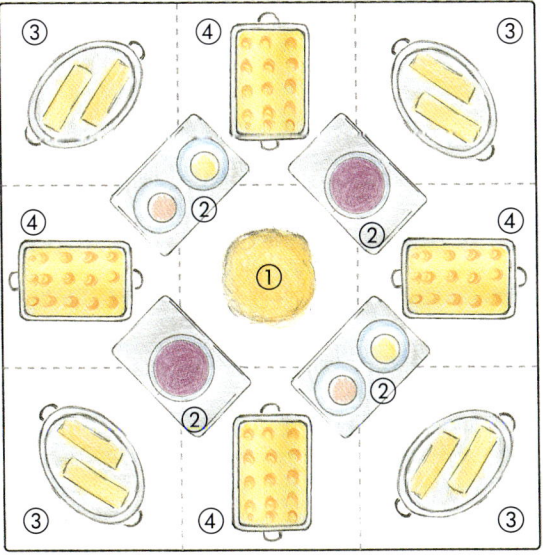

Vorschlag 2

Bei diesem Vorschlag ist ein Block gestellt und ebenfalls in Zonen eingeteilt. Die Teller stehen separat. Die Desserts sind von allen Seiten erreichbar. In der Zone 1 befindet sich auf einem hohen Podest die Dekoration. Beim Dessertbuffet „Zum Wohl" das Arrangement aus Gerstenstroh und Hopfen. In der Zone 2 in mittlerer Höhe sind Rechauds mit Eis und Süppchen. In der Zone 3 und 4 sind die Desserts, die auf Platten oder Schalen angerichtet sind. Saucen, Gebäck oder weitere Dekorationen werden in den Zwischenräumen platziert.

Einleitung

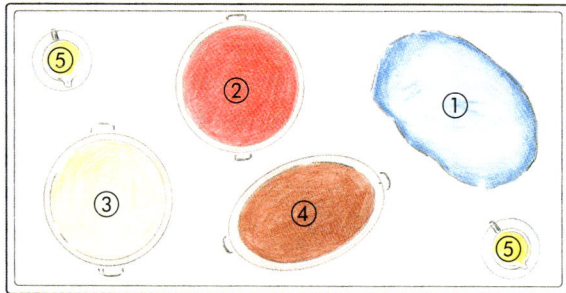

Vorschlag 3

Bei diesem Vorschlag ist ein kleines Dessertbuffet in einem Eisbett auf einem fahrbaren Tisch angerichtet. Die Desserts bleiben kühl und frisch, besonders auch an heißen Tagen. Auf dem fahrbaren Tisch kann es auch nach einem Menü präsentiert werden. Ein Eisbuffet kann ebenso angerichtet werden.

① Gletscher
② Rote Grütze
③ Milchreis
④ Zimtpflaumen
⑤ Vanillesauce

Vorschlag 4

Hier ist ein größerer Block gestellt, mit der Möglichkeit von innen vorzulegen.

① Innenraum
② Teller und Reserveservietten
③ Große Platten mit portioniertem Dessert, Panna Cotta oder gefüllte Cups
④ Kühlbare Rechauds für Eis
⑤ Früchte
⑥ Cremes in Schalen
⑦ Saucen
⑧ Dessertgebäcke

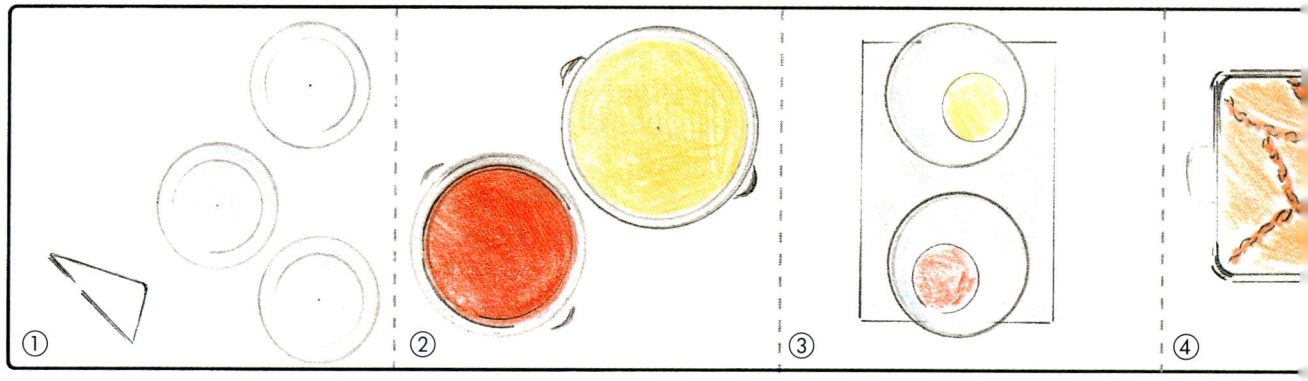

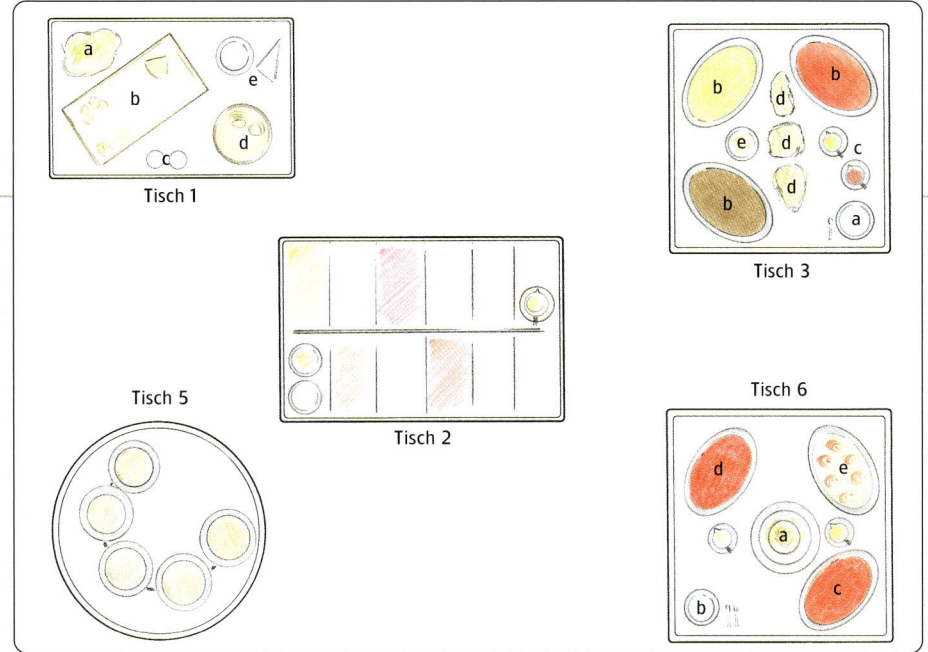

Vorschlag 5
Bei diesem Vorschlag ist das Dessertbuffet dezentral aufgebaut und nach Arten getrennt.

Auf dem Tisch 1 befinden sich:
a Eine zu Käse passende Dekoration
b Das Käsebrett
c Butter, evtl. Zwiebelwürfel und Kümmel
d Die Brotauswahl im Korb
e Teller, Servietten und Besteck

In dem kühlbaren Eisstand mit Dach (Tisch 2) werden verschiedene Eissorten, Sorbets und die passenden Saucen angeboten. Dazu Eisgebäck, Schokoladenfächer und karamellisierte Walnüsse.

Auf dem Tisch 3 befinden sich Schalen mit Cremes:
a Teller und Dessertlöffel
b Schalen und verschiedene Cremes
c Die passenden Saucen
d Die Dekoration
e Hippengebäck

Auf dem Tisch 4 befinden sich Früchte:
a Etagere mit Dessertgebäck
b Teller, Dessertlöffel und Dessertgabel
c Rote Grütze mit Vanillesauce
d Pflückfrisches Gartenobst mit Minzsauce
e Beschwipste Birnen mit Weinschaum

Auf dem runden Tisch 5 ist ein Etagenständer mit Splittereistorten.

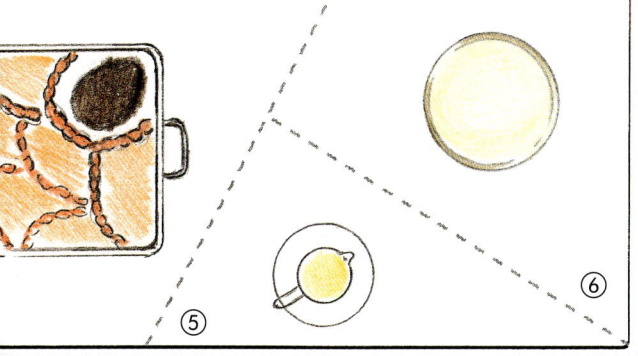

Vorschlag 6
Bei diesem Vorschlag ist eine Tafel gestellt. Mit einer Wand im Hintergrund ist das Dessertbuffet nur von einer Seite erreichbar, mittig in einem Raum platziert, ist es von beiden Seiten erreichbar. Es kann separat stehen oder an ein Buffet anschließen. Dadurch ist die Laufrichtung für den Gast klar zu erkennen. In der Zone 1 befinden sich die Teller und Reserveservietten. In der Zone 2 sind die Cremes. In der Zone 3 ist das Eis in kühlbaren Rechauds. In der Zone 4 befindet sich das Früchteaquarell mit der Schokoladenskulptur. In der Zone 5 ist die Sauce, in der Zone 6 ist das Gebäck.

Aufbau

Dessertbuffet „Schwanensee"

(für 200 Personen)

Eine kühle Sinfonie in feurigen Tönen.

Bestandteile
- Brandteigschwäne, gefüllt mit Mousse Blanc
- Geeiste Cassisfruchtmousse in Schokocups
- Panna Cotta auf Orangen-Variegato
- Mousse von edler Vollmilchschokolade
- Mousse von edelbitterer Schokolade
- Beschwipste Williamsbirnchen
- Parfait von Heidehonig und Friesentee
- Sorbet von grünem und rotem Apfel
- Geeistes Campari-Orangen-Fruchtmousse
- Parfait Taormina
- Splittereisvariationen
- Eierlikörsauce
- Rahmkaramellsauce
- Auswahl von feinem Dessertgebäck

Blickfang

Das Highlight ist ein handgefertigter Schwan aus klarem Roheis. Dieses Schaustück wird mit einer großen Inszenierung brennend in das Buffet eingefügt.

Ein ganz besonderes Buffet für anspruchsvolle Gäste

Schwanensee
Aufbau

17

Organisation

Grundidee

Dieses Dessertbuffet ist ein echtes Highlight im oberen Preissegment. Es ist in der Lage, aus einem besonderen Abend ein unvergessliches Erlebnis werden zu lassen.
Ein Schwan aus klarem Eis gibt diesem Dessertbuffet den Namen „Schwanensee". Die Dramatik der brennenden Eisskulptur und der Genuss der erlesenen Dessertkompositionen garantieren Ihnen einen erfolgreichen Ablauf und zufriedene Kunden. Die Kraft und die Ausstrahlung der Elemente Feuer und Eis lösen bei jedem Menschen Emotionen und Gefühle aus.

Aufgebaut ist dieses Buffet entsprechend unserer Grafik auf Seite 13, Vorschlag 1.
Die mehrstöckigen Aufbauten von Splittereisvariationen werden rechts und links neben der Eisskulptur platziert.
Panna Cotta, auf 2 großen Platten angerichtet, wird mit dem Dessertgebäck an die Enden des Buffets gesetzt.
Die Sorbets (in gekühlten WMF-Rechauds) werden jeweils mittig platziert.
Auch weiterhin werden größere Teile in die Mitte, kleinere geschickt dazwischen platziert. Dekorationen wie Patisserieschaustücke und Blumenarrangements werden grundsätzlich zuletzt eingefügt.

Mengenkalkulation

Wie viel Gramm Dessert pro Person?
350 g verzehrbares Dessert pro Person.
Nach einer Menüfolge oder einem Buffet ist dies ein guter Mittelwert bei einer normalen Personen- und Altersstruktur:
200 x 350 g = 70 000 g = 70 kg

Welche Arten von Desserts?
Fünf verschiedene Arten.

Welche Sorten von Desserts?

Speiseeis und Parfait: 26 000 g
Parfait von Heidehonig und Friesentee: 5000 g
Parfait Taormina: 5000 g
Sorbet von grünem Apfel: 5000 g
Sorbet von rotem Apfel: 5000 g
Splittereisvariationen: 2 x 3000 g = 6000 g

Mousse oder Creme: 20 000 g
Cassismousse in Schokocups: 200 x 15 g = 3000 g
Campari-Orangen-Fruchtmousse: 3000 g
Mousse Blanc
(Schwäne): 200 x 15 g = 3000 g
Schokoladenmousse, hell: 3000 g
Schokoladenmousse, dunkel: 3000 g
Panna Cotta: 5000 g

Früchte: 10 000 g
Beschwipste Williamsbirnchen: 100 x 60 g = 6000 g
Orangen-Variegato: 4000 g

Saucen: 6000 g
Rahmkaramell: 3000 g
Eierlikörsauce: 3000 g

Gebäck: 8000 g
Brandteigschwäne: 200 x 10 g = 2000 g
Auswahl von feinem Dessertgebäck:
200 x 30 g = 6000 g

Gesamtmenge: 70 000 g = 70 kg

Produktionsablauf

Bei diesem Buffet ist der erste Schritt die Bestellung oder Herstellung der Eisskulptur. Wird die Eisskulptur zugekauft, muss der Eiskünstler ausreichend Zeit haben, diese individuelle Skulptur zu schaffen.

Soll sie selbst gefertigt werden, benötigt allein der Eisblock schon einige Tage für das komplette Durchgefrieren. Es besteht die Gefahr, dass der Eisblock durch eine Unachtsamkeit zerspringt. Deshalb sollte an einen Ersatzblock gedacht werden.

Bei entsprechender Kühlung (–20 °C) ist eine Skulptur unbegrenzt haltbar. Es spricht nichts dagegen, eine Eisskulptur ständig auf Vorrat zu halten.

Crushed Ice ist, wenn es nicht selbst hergestellt werden kann, in vielen Großmärkten und bei jedem Metzger erhältlich. Die Brandteigschwäne können frühzeitig gebacken und tiefgekühlt aufbewahrt werden. Das Dessertgebäck und die Baiserböden, auch vorab gebacken, werden immer in einem geschlossenen Behältnis aufbewahrt.

Schokocups und Orangen-Variegato sowie die beschwipsten Williamsbirnchen können problemlos 2 bis 3 Tage vor der Veranstaltung hergestellt werden. Die Parfaits, die Splittereisvariationen und die geeiste Fruchtmousse sollten spätestens am Tag zuvor hergestellt sein. Sie benötigen ausreichend Zeit, um vollständig durchzufrieren. Die Saucen, Panna Cotta und die Schokoladenmousse werden am Abend zuvor hergestellt und abgefüllt. Mit Folie abgedeckt, werden sie es in der Kühlung aufbewahrt. Das Aroma wird voller und die Konsistenz cremiger.

So vorbereitet, geht die Fertigstellung am Tage des Verzehrs relativ schnell.

Begonnen wird mit dem Abfüllen der Saucen. Danach werden die beschwipsten Birnchen gefüllt, abgeglänzt und fertig angerichtet, ebenso die Panna Cotta auf dem Orangen-Variegato arrangiert. Die Brandteigschwäne, mit Mousse Blanc gefüllt, werden auf Platten angeordnet und abgepudert. Sind Mousse und Parfaits garniert, müssen nur noch die Splittereisvariationen aufgebaut werden. Das Sorbet von grünem und rotem Apfel wird frisch gefroren und in kühlbare Porzellankugeln gefüllt. Zum Schluss wird das Dessertgebäck in Körbe dekoriert. Etwa 1 Stunde vor der Eröffnung des Dessertbuffets sollte mit dem Aufbau der Eisskulptur begonnen werden. Durch die geschickte Zusammenstellung dieses Buffets ist eine schrittweise Herstellung möglich. Der Arbeitsaufwand lässt sich entzerren.

Bezugsliste

- Präsentationsplatten — *WMF*
- Rechauds — *WMF*
- Kandelaber — *WMF*
- Besteck — *WMF*
- Teller — *WMF*
- Gebäcketagere — *WMF*
- Tortenständer — *WMF*
- 7-stöckige Präsentationsetageren — *Weiss Decor*
- Fahrbarer Tisch, Edelstahlrahmen — *Eisfachschule*
- Brennpaste — *Eisfachschule*
- Eismaschine — *Eisforum*
- Eisskulptur — *Eigene Herstellung oder Horst Birekoven*
- Rührmaschine — *Pefra*
- Kuvertüren — *Kessko*
- Schokocups — *Kessko*
- Fruchtpüree — *Boiron*
- Dekore — *Bombasei*
- Girolle — *Weiss Decor*
- Schlagsahne, Bag-in-Box-System — *Friesland Madibic*

Eisgletscher

Für die professionelle Umsetzung erhielten wir Unterstützung von unserem Kollegen Horst Birekoven. Er hat sich komplett auf das Bearbeiten von Roheis spezialisiert und gehört sicherlich zur Weltspitze in dieser Disziplin. Er fertigt, stets nach Kundenwunsch, individuelle Eisskulpturen und Eisobjekte aller Art. Auch Einfrierungen gehören zu seiner fast alltäglichen Arbeit. Gerne von Firmen gebucht, fertigt der Eismeister vor Ort im gesamten europäischen Raum Livekreationen zum Zuschauen und zum Anfassen.

Auf vielen Messen wird er gerne zu Rate gezogen, um die Produkte der unterschiedlichsten Firmen im rechten „kalten Licht" zu präsentieren.

Wir haben uns sehr gefreut, dass Horst Birekoven hier anschaulich demonstriert, wie aus einem kalten Eisblock, immerhin etwa 240 kg schwer, eine schnelle und anschauliche Skulptur hergestellt wird.

Herstellung eines Eisgletschers mit Einfrierung

Was wird benötigt?
- Ein konisches Gefäß mit etwa 200 l Inhalt und Rolluntersatz
- Eine Umwälzpumpe mit den entsprechenden Kunststoffschläuchen oder ein Elektromotor mit etwa 60 cm Antriebswelle und Propelleraufsatz
- Ein Tiefkühlhaus
- Ein Bock
- Eine Motorkettensäge oder Eissäge
- Ein breites Stecheisen
- Ein Bügeleisen
- Raue Arbeitshandschuhe
- Zwei starke Helfer (zum Bewegen des Eisblocks)

Herstellung

Das Gefäß wird bis etwa 15 cm unter den Rand mit Wasser gefüllt und in das Tiefkühlhaus gefahren.

Anmerkung: Würde das Wasser nun einfach zu einem Block gefrieren, so wäre dieser trübe und voller Spannungen.

Wasser dehnt sich während des Gefrierens aus, der Block wäre unansehnlich und würde bei der Bearbeitung zerspringen. Wenn in der freien Natur ein Teich zugefroren ist, so ist das Eis auch trüb und die Oberfläche uneben.

An den Rändern von Gebirgsbächen hingegen ist immer klares Eis zu erkennen. Gefriert Wasser unter Bewegung, wird es klar und spannungsfrei, gefriert es stehend, wird es trüb und steht bis zum Bersten unter Spannung. Um klares Eis herzustellen, wird das Wasser mit dem Propeller oder der Umwälzpumpe in Bewegung gehalten.

Es gefriert von außen nach innen. Schreitet der Gefriervorgang fort, werden Propellertiefe und Schlauchlänge so verändert, dass sie nicht festfrieren. Soll ein Gegenstand eingefroren werden, muss

Schwanensee
Eisgletscher

Eisgletscher

dieser zum richtigen Zeitpunkt platziert werden. Hierbei ist die spätere Stellung der fertigen Skulptur zu beachten.
Wenn der Gefriervorgang fast abgeschlossen ist, wird die Umwälzeinrichtung entfernt und das restliche Wasser eventuell abgeschöpft.

Die ideale Temperatur, um den Block bearbeiten zu können, beträgt etwa 10 °C. Hierzu wird der Eisblock auf den Bock gestürzt. Löst er sich nicht sofort, etwas Geduld bewahren und die Form gelegentlich leicht abklopfen oder mit einem Heißluftföhn erwärmen.

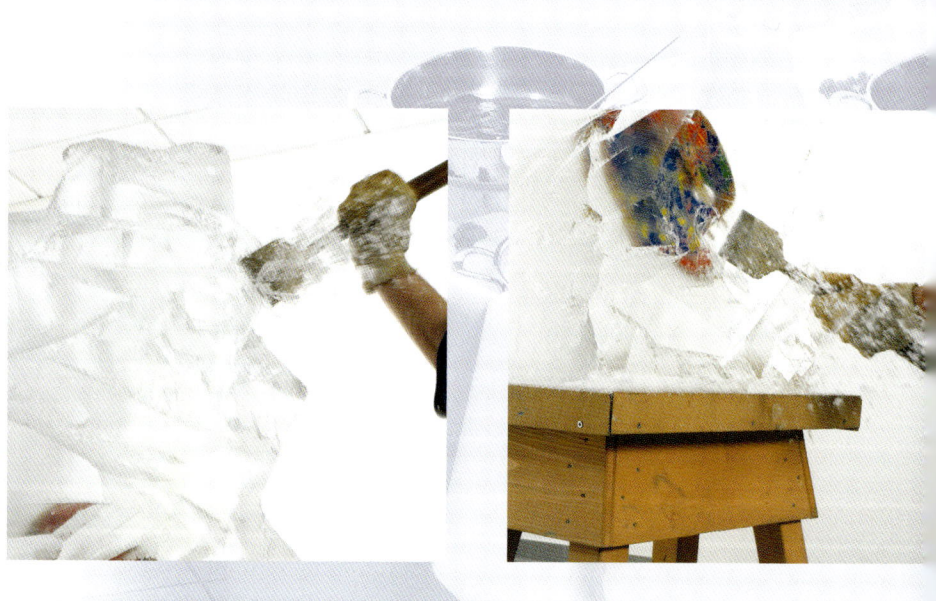

Jetzt wird mit dem Stecheisen begonnen, den Gletscher zu formen.

Mit dem etwa 80 °C heißen Bügeleisen einige gesägte Flächen glätten. Mit dem Stecheisen Teile absplittern.

Bis zur Verwendung im Tiefkühlhaus lagern.

Schwanensee
Eisgletscher

Aufstellen einer Eisskulptur

Was wird benötigt?
- Ein fahrbarer Edelstahltisch,
  Breite 70 cm, Länge 140 cm, Höhe 86 cm
- Ein Edelstahlrahmen
- Lackfolie und Klebestreifen
- Etwa 20 kg Crushed Ice
- Eisskulptur Schwan
- 4 bis 8 Schieferplatten
- Brennpaste
- Lange Streichhölzer
- Großes, weißes Tuch
- Auswahl an kurzen Blumen und Blüten

Aufstellen einer Eisskulptur

Für das Aufstellen und Herrichten einer Eisskulptur benötigen zwei Personen 30 bis 40 Minuten. Der erste Schritt ist das Verkleiden des Tischs mit Lackfolie. Befestigt wird diese mit einem stabilen Klebeband.

Der Rahmen wird aufgesetzt und ebenfalls mit Lackfolie abgedeckt. Dieses Untergestell kann bereits in einer betriebsarmen Zeit vorbereitet werden.

Die Eisskulptur wird platziert. Durch einen Roheissockel, Größe 20 bis 30 cm, kann die Höhe der Skulptur variiert werden. Der Rahmen wird mit Crushed Ice aufgefüllt.

Die Schieferplatten und die Blütengarnitur werden platziert. Eisformstücke, dekorativ angeordnet, bringen den Schwan zum Leben. Als Letztes wird die Brennpaste auf die Schieferplatten gehäuft.

Die Skulptur wird mit einem weißen Tuch von etwa 250 x 150 cm Größe abgedeckt. Nach diesem Arbeitsgang kann der Aufbau problemlos für zirka 30 Minuten an einem kühlen Ort abgestellt werden. Ein Aufbewahren im Kühlhaus ist nicht unbedingt notwendig.

Schwanensee — Aufstellen einer Eisskulptur

Show „Feuer und Eis"

Die Skulptur wird in den abgedunkelten Raum gefahren. Sämtliche Lichtquellen, auch die Kerzen auf den Tischen, müssen gelöscht sein. Nur so wird ein optimaler Effekt durch das Leuchten der Flammen erzielt. Die Skulptur ist so zu stellen, dass sie gut einzusehen ist, zum Beispiel auf der Tanzfläche oder vor der Kapelle. Leise Trommeltöne begleiten diese Aktion, die beim Stillstand der Skulptur verstummen. Absolute Ruhe sollte jetzt herrschen. Auch Geräusche aus Nebenräumen müssen vermieden werden.

Die Skulptur wird von zwei Personen abgedeckt, das Tuch zusammengelegt und weggebracht.
Danach stehen sie links und rechts der Skulptur. Ein langes Streichholz wird entzündet und die Skulptur etwa 20 Sekunden angeleuchtet.

Nachdem das Streichholz erloschen ist, wird ein zweites entfacht. Die Flamme wird herübergereicht. Die zweite Person zündet nun an der Flamme ebenfalls ein Streichholz an. Jetzt halten beide 5 bis 7 Sekunden die Flammen nahe der Skulptur und entzünden die Brennpaste auf den Schieferplatten. Im gleichen Augenblick ertönt eine ergreifende Melodie, die nicht zu leise sein darf.

Tipp

Es empfiehlt sich, die Show „Feuer und Eis" zu proben, denn die zeitliche Abfolge ist für die Dramaturgie wichtig, und jeder Handgriff muss stimmen. Diese Aufnahmen entstanden übrigens während der Generalprobe.

Schwanensee

Show „Feuer und Eis"

Show „Feuer und Eis"

Mit den letzten Klängen wird die Skulptur langsam und brennend auf ihren Platz im Dessertbuffet gefahren. Das Licht kann wieder angemacht werden. Das Dessertbuffet ist eröffnet!

Was ist besonders zu beachten?

Die Lackfolie und das Tuch dürfen in keinem Fall die Räder des Tischs blockieren. Die Lenkrichtung des Tischs ist zu beachten, ebenso wie Türhöhen, Schwellen und Kurven. Die Wegstrecke sollte am Tag zuvor eventuell probeweise abgefahren werden. Wenn der Boden Unebenheiten aufweist, muss die Skulptur gehalten werden. Nach dem Abstellen des Tischs im Buffet wird dieser arretiert.

Brennpaste – zum Aufheizen von Rechauds – eignet sich nicht für eine solche Präsentation. Die hier verwendete Brennpaste hat eine gelbe bis rote Flamme mit starker Leuchtkraft und geringer Strahlungshitze. Es empfiehlt sich, die Sicherheitsbestimmungen der Brennpaste zu beachten und sie probeweise zu entzünden. Auch sollte ein Feuerlöscher bereitstehen. Ist der Raum mit Brandmeldern ausgestattet, ist diese Sektion abzuschalten.

Die Melodie soll dem Anlass, den Gästen und dem Buffet entsprechen. Sie soll in jedem Fall ergreifend sein.

Beispiele
- Heut sehen wir uns wieder (Madam Butterfly)
- Conquest of Paradise (Vangelis)
- Fanfaren aus Nabucco
- Beethovens 9.
- Yesterday von den Beatles

Schwanensee
Show „Feuer und Eis"

Eisskulptur, Variationen

Eine Eisskulptur kann auch ohne Show attraktiv präsentiert werden. Eine Mulde wird am endgültigen Standort platziert und ein stabiler Gitterrost aufgelegt. Die Skulptur wird aufgestellt und mit farblich abgestimmten Tüchern der Unterbau dekoriert.

Ein Blumenarrangement sowie die passende Beleuchtung bringen die Eisskulptur vorteilhafter zur Geltung.

Auf einem Reifenstapel

Eisskulptur als Dekoration im Eingangsbereich

Schwanensee
Eisskulptur, Variationen

31

Eisskulptur, Variationen

Hier wird die selbst hergestellte Eisskulptur (siehe Seite 20) zum Sektempfang einer Sylter Strandparty dargeboten.

Thema des Empfangs:
Eiskalter Sekt in den Farben des Meeres
1 cl Blue Curaçao in ein Sektglas geben und mit dem eiskalten Sekt auffüllen.

Eisskulptur für eine Strandparty mit Sekt

Bei einer Sylter Strandparty ist nur ein Dessert passend: Milchreis mit Zimtpflaumen und Sylter rote Grütze mit Vanillesauce. Bei diesem Dessert findet die Eisskulptur nochmals Verwendung.

Eisskulptur für eine Strandparty mit Desserts

Schwanensee
Eisskulptur, Variationen

Bilderbogen

Planung des Events mit unserem Kunden

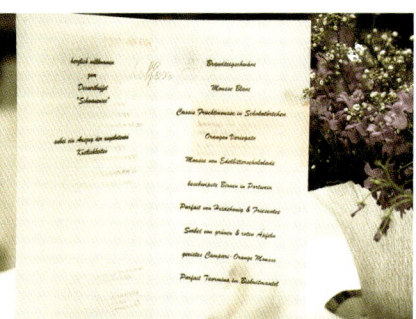

Tischkarte

Einladung

Schmeckts?

Letzte Handgriffe

Der Eisdesigner live

Passt auch alles?

Ein prüfender Blick des Chefs

Schwanensee
Bilderbogen

Bilderbogen

Beleuchtungstest

Action

Schon seine 2. Portion?

Die „Schlacht" am süßen Buffet

Der Hobbykoch legt mit vor

Die Gäste genießen

Jetzt ist die Party in vollem Gange!

Geschafft

Schwanensee
Bilderbogen

Rezepturen

Brandteigschwäne, gefüllt mit Mousse Blanc

Was wird an Utensilien benötigt?
- Kessel oder Topf
- Rührspachtel
- Kochstelle
- Rührgerät
- Spritzbeutel mit Stern- und Lochtülle
- Trennmittel oder Papier
- Backblech
- Backofen

Brandteigschwäne

525 g	Wasser
125 g	Butter oder Margarine
10 g	Salz
450 g	Mehl, gesiebt
500 g	Vollei
7 g	Backpulver
	etwas Vanille und Zitrone, gemahlen

Wasser, Butter oder Margarine und Salz werden im Topf oder Kessel aufgekocht. Das gesiebte Mehl wird zugegeben und unter kräftigem Rühren abgeröstet, bis eine kompakte Masse entstanden ist.

Ist die Masse leicht abgekühlt, rührt man Vollei, Backpulver, Vanille und Zitrone nach und nach mit dem Rührgerät oder von Hand unter.

Der obere Rand des Spritzbeutels wird umgeschlagen und die Sterntülle (Größen 8 bis 12) eingesetzt. Jetzt die Masse mit einem Teigspachtel in den Spritzbeutel einfüllen.

Auf das gefettete oder mit Backpapier belegte Backblech werden die Körper aufdressiert. Etwas Masse für die Hälse muss übrig bleiben.

Die Hälse werden mit einem Spritzbeutel, Lochtülle Nr. 1, aufdressiert.

Bei 210 °C goldgelb backen. Diese Körper lassen sich vorproduzieren. Sie sind in einem geschlossenen Behälter oder tiefgefroren lange Zeit haltbar.

Aus dieser Brandmasse lassen sich ebenso Windbeutel und Eclairs, Spritzringe sowie Rosinenkrapfen backen.

Rezepturen

Mousse Blanc

500 g	Kuvertüre, weiß (Dekormasse)
180 g	Butter
250 g	Eigelb, pasteurisiert
250 g	Eiklar, pasteurisiert
150 g	Zucker
3	Blatt Gelatine
500 g	Sahne, locker geschlagen, ungesüßt

Kuvertüre zerkleinern und im Wasserbad auflösen. Die weiche Butter und das Eigelb schaumig rühren. Eiklar und Zucker steif schlagen.

Die aufgelöste Kuvertüre langsam mit einem Schneebesen in die Buttermasse rühren. Die Gelatine auflösen, einrühren und das geschlagene Eiklar unterheben. Zum Schluss die Sahne einarbeiten, abfüllen und kalt stellen.

Fertig stellen der Brandteigschwäne
„Flügel" mit einem Zackenmesser abschneiden.

Mousse Blanc auf den unteren Teil des Körpers portionieren. Flügel und Hälse ansetzen.

Die Schwäne auf einer Platte dekorativ anordnen und mit Dekorschnee abstäuben.
Diese Schwäne lassen sich vorproduzieren und nach der Fertigstellung im Kühlhaus aufbewahren.

Tipp
Dekorschnee ist ein nicht hygroskopischer Staubzucker. Er schmiert nicht bei Feuchtigkeit. Er behält seine puderige Konsistenz.

Rezepturen

Geeistes Cassisfruchtmousse in Schokocups

120 g	Eiklar, pasteurisiert
250 g	Zucker
100 g	Wasser
3	Blatt Gelatine
350 g	Fruchtpüree Cassis
	Zitronensaft
650 g	Sahne, geschlagen, ungesüßt
	Schokocups

Das Eiklar in der Rührmaschine leicht anschlagen. Zucker und Wasser auf exakt 110 °C kochen und dem Eiklar in langsamem Strahl zugeben.

Die gesamte Masse kalt schlagen. Die aufgelöste Gelatine, das Fruchtpüree, der Zitronensaft und die Sahne unterheben.

Das Fruchtmousse wird sofort nach Fertigstellung in Schokocups dressiert und tiefgekühlt.

Nach dem Durchgefrieren garnieren.

Panna Cotta auf Orangen-Variegato

700 g	Sahne
300 g	Vollmilch
180 g	Zucker
	Mark von 1 Vanilleschote
1	Prise Salz
8	Blatt Gelatine

Sahne und Vollmilch zusammen mit dem Zucker, dem Vanillemark sowie der Prise Salz auf 85 °C erhitzen. Die Gelatine in reichlich kaltem Wasser einweichen und bei 85 °C zugeben.
Die heiße Masse sofort in Timbaleformen füllen und kühlen. Die Herstellung ist mindestens 1 Tag vor Gebrauch ratsam, um der Panna Cotta eine ausreichende Stabilität zu geben.
Zum späteren Stürzen der Panna Cotta wird eine Schüssel mit etwa 50 °C warmem Wasser benötigt.
Die Timbaleformen werden 1 bis 2 Minuten in dem Wasser erwärmt und sofort gestürzt.
Es empfiehlt sich, die Panna Cotta nicht direkt auf die zu garnierende Platte oder den Teller zu stürzen, da sehr häufig noch Wasser oder Tropfen der Masse ablaufen und es schnell zu störenden Verunreinigungen kommen kann.

Orangen-Variegato

2000 g	unbehandelte Orangen
600 g	Kristallzucker
200 g	Trockenglucose
	Zitronensaft
60 g	Weizenstärke

Von den gewaschenen Orangen werden mit einem Zestenreißer kleine Zesten abgezogen. Die Orangen werden nun geschält und kurz anpüriert.
Die gesamte Fruchtmasse und die Zesten werden mit dem Zucker, der Trockenglucose sowie Zitronensaft (nach Geschmack) aufgekocht und mit der Weizenstärke abgebunden.

Rezepturen

Mousse von edler Vollmilchschokolade

500 g	Vollmilchschokolade
180 g	Butter
250 g	Eigelb, pasteurisiert
250 g	Eiklar, pasteurisiert
240 g	Zucker
60 g	Weinbrand oder Kirschwasser
500 g	Sahne, geschlagen, ungesüßt

Die zerkleinerte Schokolade im Wasserbad auflösen. Die weiche Butter und das Eigelb schaumig rühren. Eiklar mit dem Zucker steif schlagen. Die aufgelöste Schokolade langsam in die Buttermasse rühren. Weinbrand oder Kirschwasser und das geschlagene Eiklar einarbeiten. Zum Schluss die Sahne vorsichtig unterheben, abfüllen und kalt stellen.
Nach dem Erstarren mit Schokoladendekor (siehe Seite 194) garnieren.

Mousse von edelbitterer Schokolade

500 g	Schokolade, edelbitter
180 g	Butter
250 g	Eigelb, pasteurisiert
250 g	Eiklar, pasteurisiert
280 g	Zucker
2 EL	Kaffeepulver, instant
50 g	Wasser, heiß
60 g	Weinbrand
500 g	Sahne, geschlagen, ungesüßt

Die zerkleinerte Schokolade im Wasserbad auflösen. Die weiche Butter und das Eigelb schaumig rühren. Eiklar mit dem Zucker steif schlagen.
Die aufgelöste Schokolade langsam in die Buttermasse rühren. Das Kaffeepulver in dem heißen Wasser auflösen, mit dem Weinbrand einrühren und das geschlagene Eiklar unterheben. Zum Schluss die Sahne vorsichtig einarbeiten, abfüllen und dann kalt stellen.
Nach dem Erstarren mit Schokoladenspaghetti (siehe Seite 194) garnieren.

Beschwipste Williamsbirnchen

- 1 l Weißwein
- 150 g Zucker
- 1 Zimtstange
- 50 g Zitronensaft

Hierfür werden kleine Birnen benötigt. Vom Stiel zur Blüte hin mit dem Kerbenreißer so schälen, dass ein schmaler Streifen Schale stehen bleibt.
Von der Blüte her mit einem Kugelausstecher das Kerngehäuse entfernen.

In der Mischung aus Wein, Zucker, Zitrone und Zimtstange die Birnen blanchieren und darin erkalten lassen.

Marzipanrohmasse mit etwas Birnengeist verkneten und in die erkalteten, abgetropften Birnen füllen. Mit Kaltgelee abglänzen.
Schräg aufschneiden und anrichten.

Beschwipste Portweinbirnen

- 1 l Portwein
- 150 g Zucker
- 1 Zimtstange
- 1 Zitrone, ausgepresst
- 130 g Cassispüree

Die beschwipsten Portweinbirnen werden wie die Williamsbirnchen hergestellt. Blanchiert werden sie in einer Mischung aus oben genannten Zutaten.

Rezepturen

Parfait von Heidehonig und Friesentee
Arrangiert in einer Form mit Mandelbiskuitkrustade.

Honigparfait
- 125 g Eigelb, pasteurisiert
- 100 g Bienenhonig
- 3 cl Honiglikör
- 1 Prise Salz
- 500 g Sahne, geschlagen, ungesüßt

Eigelb und Honig auf schwachem Feuer oder im Wasserbad aufschlagen bis 85 °C. Dann die Masse kalt schlagen. Honiglikör und die Prise Salz unterziehen. $1/3$ der Sahne unterheben, danach die restliche Sahne zugeben.

Friesenteeparfait
- 60 g Eiklar, pasteurisiert
- 70 g Zucker
- 15 g Friesentee, schwarz
- 10 g Gelatinemix (siehe Seite 212)
- 250 g Sahne, geschlagen, ungesüßt

Eiklar und Zucker warm und kalt aufschlagen. Den Tee in wenig heißem Wasser ziehen lassen. Tee und Gelatinemix nacheinander zu der Grundmasse geben. Auf die Grundmasse die Sahne geben und vorsichtig unterheben.

Gewünschte Form mit Mandelbiskuitkrustade auslegen und die Parfaits in zwei gleichen Schichten eindressieren.
Im Tiefkühler mindestens 12 Stunden durchgefrieren. Mit einem Heißluftföhn oder dem Gasbrenner leicht anwärmen, aus der Form nehmen und dann garnieren.

Tipp
Der Tee darf nicht mit Gelatinemix vermischt werden. Gerinnungsgefahr.

Sorbet von grünem und rotem Apfel

1000 g	Äpfel oder Apfelpüree
200 g	Zucker
50 g	Trockenglucose
445 g	Wasser
5 g	Stabilisator (Eisbindemittel)
	Zitronensaft zum Abschmecken

Nach dem klumpenfreien Anrühren wird das Sorbet mit dem Mixstab gut püriert und sofort in der Eismaschine ausgefroren. Die Lagerung erfolgt bei mindestens −18 °C.

Tipp
Die Äpfel werden ungeschält verarbeitet. Durch die Schale erhält das Sorbet eine schöne Färbung.
Die frischen roten und grünen Äpfel waschen, vom Kerngehäuse befreien (Kernausstecher), danach in Spalten schneiden.

Schwanensee
Rezepturen

Rezepturen

Geeistes Campari-Orangen-Fruchtmousse

120 g	Eiklar, pasteurisiert
250 g	Zucker
100 g	Wasser
100 g	Orangensaft
50 bis 100 g	Campari
200 g	Orangensaft
650 g	Sahne, geschlagen, ungesüßt

Das Eiklar in der Rührmaschine leicht anschlagen, Zucker und Wasser auf exakt 110 °C kochen und dem Eiklar in langsamem Strahl zugeben.
Die Masse kalt schlagen, 100 g Orangensaft sowie Campari zugeben. 200 g Orangensaft unter die geschlagene Sahne rühren und unter die Masse heben. Einen Torten- oder Formring mit Klarsichtfolie auslegen. Schokoladenbiskuitboden (siehe Seite 188) einlegen. Halbe, in Läuterzucker blanchierte Orangenscheiben mit Schale an den Rand stellen, Fruchtmousse einfüllen, glatt streichen und einfrieren.

Parfait Taormina

100 g	Vollei, pasteurisiert
20 g	Eigelb, pasteurisiert
100 g	Zucker
1	Prise Salz
70 g	Pistazienmark
30 g	Pistazien, fein gehackt
500 g	Sahne, geschlagen, ungesüßt

Vollei, Eigelb, Zucker und die Prise Salz in einem Kessel auf dem kochenden Wasserbad aufschlagen, bis die Eier binden (etwa 85 °C). Pistazienmark und gehackte Pistazien unterrühren. Im Eisbad kalt rühren. Die Sahne mit dem Schneebesen unterheben. Ein Formring nach Wahl wird mit einem Dekorbiskuitmantel (siehe Dekorkapsel, Seite 188) ausgelegt. Einen dünnen Haselnussbaiserboden (siehe Seite 190) einlegen und leicht mit Amarettolikör tränken. Das Parfait wird in Ringhöhe eingefüllt, glatt gestrichen und eingefroren. Nach dem Durchfrieren aus der Form nehmen, Spiegel aus kaltem Gelee auftragen und mit frischen Früchten garnieren.

Splittereisvariationen

75 g	Rumtränke (2 Teile Läuterzucker, 1 Teil Rum)
80 g	Makronen oder Amarettini-Plätzchen
100 g	Zucker
150 g	edelbittere Schokolade, fein geraspelt
700 g	Sahne, locker geschlagen, ungesüßt

Die in Rumtränke eingeweichten Makronen zerkleinern, mit dem Zucker und den Schokoladenraspel vorsichtig unter die Sahne heben. In einen mit einem Haselnussbaiserboden (siehe Seite 190) ausgelegten Tortenring einfüllen und glatt streichen. Sofort tiefkühlen.
Zur Garnitur mit Ganache überziehen und mit Kaltgelee und Schokodekor garnieren.

Eierlikörsauce

200 g	Eigelb, pasteurisiert
500 g	Staubzucker
40 g	Vanillezucker
1000 g	Dosenmilch (10 % Fettgehalt)
50 g	96%iger Alkohol
125 g	Rum
750 g	Weinbrand
	Sahne, geschlagen, ungesüßt (Menge nach Belieben)

Das Eigelb mit Staubzucker, Vanillezucker und der Dosenmilch vermischen, dann warm und kalt aufschlagen. Die restlichen Zutaten zugeben.
Die gewünschte Konsistenz erreicht man durch die Zugabe der entsprechenden Menge an geschlagener, ungesüßter Sahne.

Schwanensee
Rezepturen

Rezepturen

Rahmkaramellsauce

1000 g Zucker
 800 g Sahne

Der Zucker wird langsam nach und nach unter ständigem Rühren geschmolzen.

Die Sahne wird aufgekocht und dem geschmolzenen Zucker flott zugegeben.

Kalt servieren.

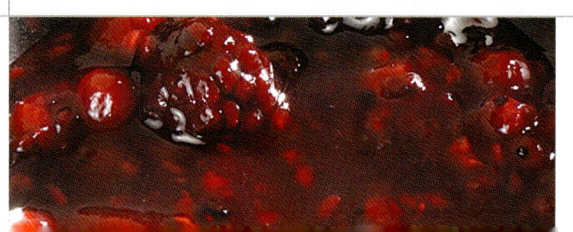

Rote Grütze

- 30 bis 40 g Weizenstärke
- 500 g Rotwein
- 200 bis 300 g Zucker
- 5 g Vanille, gemahlen
- 5 g Zimt
- 1000 g Beerenfrüchte, frisch

Weizenstärke mit etwas Rotwein anrühren. Den restlichen Rotwein, Zucker, Vanille sowie Zimt aufkochen. Weizenstärke hineinrühren, aufkochen und die Früchte vorsichtig mit einem Rührspatel unterheben. Grütze an einen kühlen Ort stellen. In der Abkühlphase gelegentlich vorsichtig durchrühren, um eine Hautbildung zu vermeiden. In erkaltetem Zustand anrichten.

Tipp

Bei Verwendung von Tiefkühlfrüchten sollten diese vorher schonend aufgetaut und der Fruchtsaft mitverarbeitet werden.

Rezepturen

Milchreis

1000 g	Vollmilch
200 g	Sahne
250 g	Rundkorn- oder Milchreis
100 g	Zucker
50 g	Butter
1	Vanilleschote
1	Prise Salz

Das Mark aus der Vanilleschote herausstreichen. Alle Zutaten in einen Topf geben und aufkochen. Mit geschlossenem Deckel etwa 30 Minuten quellen lassen. Gelegentlich umrühren.
Vanilleschote abstreifen und entfernen.
Nochmals aufkochen und abkühlen lassen. Während der Abkühlphase gelegentlich durchrühren.

Zimtpflaumen

1000 g	Tiefkühlpflaumen
80 g	Weizenstärke
500 g	Rotwein
100 g	Rum
200 g	Zucker
5 g	Zimt, gemahlen

Tiefkühlpflaumen schonend auftauen. Weizenstärke mit etwas Rotwein anrühren. Den restlichen Rotwein, Rum, Zucker sowie Zimt aufkochen, Weizenstärke hineinrühren und kurz durchkochen.
Um eine Hautbildung zu vermeiden, während der Abkühlphase gelegentlich durchrühren.
Warm oder kalt servieren.

Vanillesauce

1000 g	Milch
160 g	Eigelb
60 g	Vanillecremepulver
1000 g	Sahne
200 g	Zucker
2	Vanilleschoten

Das Mark aus den Vanilleschoten herausstreichen. Etwa 200 g von der Milch, Eigelb und Vanillecremepulver anrühren. Die restlichen Zutaten zum Kochen bringen und die zuvor angerührte Masse hineinrühren und aufkochen. Vanilleschoten abstreifen und entfernen. Die jetzt fertige Vanillesauce im Eisbad abkühlen. Gelegentlich durchrühren. Abgedeckt kann diese Vanillesauce in der Kühlung einige Tage aufbewahrt werden. Sie hat eine cremige Konsistenz.

Tipp

Rezepturen einhalten! Was in der Küche bei Sauerkraut, Sauerbraten und Sauerampfersüppchen funktioniert, klappt bei süßen Sachen in den seltensten Fällen. Es ist zwingend erforderlich, Rezepturen und Herstellungsanleitungen genau einzuhalten und jede Zutat genau abzuwiegen. Nur so sind in der Patisserie sichere Ergebnisse und eine gleich bleibend gute Qualität möglich.

Rezepturen

Dessertgebäck

Hippengebäck

- 300 g Marzipanrohmasse
- 200 g Staubzucker
- 1 Prise Salz
- Zimt, gemahlen
- 100 g Mehl
- 100 bis 150 g Eiklar, pasteurisiert
- Sahne

Marzipanrohmasse, Staubzucker, Salz und Zimt miteinander verkneten. Das Mehl unterarbeiten und mit Eiklar glatt rühren. Die Menge Eiklar ist abhängig von der Konsistenz der Masse. Die Masse über Nacht kühl stellen. Am nächsten Tag mit Sahne verflüssigen, bis die gewünschte Konsistenz erreicht ist.
Mit einer Schablone auf ein gefettetes und leicht gemehltes Backblech aufstreichen.

Tipp
Um ein gleichmäßiges Backergebnis zu erzielen, wird das Hippengebäck in zwei Vorgängen abgebacken, das heißt, einmal kurz anbacken, aus dem Ofen nehmen, abkühlen, danach fertig ausbacken.
Die einzelnen Stücke sofort vom heißen Blech ablösen und gegebenenfalls Röllchen oder andere Formen herstellen.
Temperatur: 190 °C
Backzeit: etwa 2 x 5 Minuten

Mandelblätter

450 g	Zucker
280 g	Eiklar, pasteurisiert
1	Prise Salz
450 g	Mandeln, gehobelt
40 g	Mehl, gesiebt

Zucker, Eiklar und Salz miteinander vermischen. Mandeln und das Mehl unterarbeiten. Die Masse etwa 1 Stunde ruhen lassen. Mit einem kleinen Löffel auf ein mit Backpapier ausgelegtes Backblech auftragen und abbacken.

Temperatur: 210 °C
Backzeit: 8 bis 12 Minuten

Amarettini-Plätzchen

450 g	Zucker
100 g	Mandeln, fein gerieben
100 g	Haselnüsse, fein gerieben
200 g	Marzipanrohmasse
1	Prise Salz
	Zimt, gemahlen
	Zitronenschale, abgerieben
	etwa 200 g Eiklar, pasteurisiert

Zucker, Mandeln, Haselnüsse, Marzipanrohmasse, Salz, Zimt und Zitronenschale miteinander vermischen und so viel Eiklar unterarbeiten, bis eine spritzfähige Masse entsteht. Die gesamte Masse bis etwa 60 °C unter ständigem Rühren abrösten.
Danach in einer Edelstahlschüssel abgedeckt abkühlen lassen.
Mit Dressierbeutel (Lochtülle Nr. 4) kleine Halbkugeln auf ein mit Backpapier ausgelegtes Backblech aufdressieren und abbacken.

Temperatur: 175 °C
Backzeit: etwa 12 Minuten

Tagesdesserts

Mousse-Burger

Es werden drei dünne Haselnussbaiserböden (siehe Seite 190) von 6 bis 8 cm Durchmesser benötigt.
Ein Bällchen edelbittere Mousse auf einen Teller geben und den ersten Boden auflegen.
Mit einem Bällchen Vollmilchschokoladen-Mousse und einem Bällchen von Mousse Blanc fortfahren. Mit dem dritten Boden abdecken und sanft so lange drücken, bis die Mousse an den Seiten sichtbar wird. Mit Erdbeer- oder Himbeersauce Ketchup imitieren.

Mousse von edelbitterer Schokolade an Birnen-Carpaccio

Bei Williams Christbirnen von der Blüte her das Kerngehäuse mit einem Kugelausstecher entfernen. Wein und Wasser zu gleichen Teilen mit Zucker, Zitrone und Stangenzimt abschmecken. Die Birnen darin blanchieren und erkalten lassen. Die erkalteten Birnen auf der Aufschnittmaschine dünn aufschneiden und auf einen kühlen Teller legen. Mit etwas Birnengeist und Ahornsirup benetzen. Nocken von edelbitterer Mousse ansetzen und mit Schokodekoren (siehe Seite 194) garnieren.

Mousse Blanc auf Schokoladenspaghetti

Aus Schokoladenspaghetti (siehe Seite 194) ein Nest formen und eine Nocke Mousse Blanc (siehe Seite 40) auflegen. Mit halbflüssiger Ganache garnieren.

Trilogie von edlem Schokoladenmousse

Den Tellerrand mit Randgarnierung dekorieren. Drei Nocken der verschiedenen Schokoladenmousse-Sorten und eine Sahnehaube aufsetzen. Mit unterschiedlichen Schokodekoren ausgarnieren (siehe Seite 194).

Schwanensee
Tagesdesserts

Tagesdesserts

Schwarz auf Weiß
Hierzu werden drei runde Schokoladengitter (siehe Seite 194) mit einem Durchmesser von 8 bis 10 cm hergestellt.
Ein Schokoladengitter auf einen Teller legen und eine Nocke Mousse Blanc portionieren. Hierauf ein Schokoladengitter legen und leicht andrücken. Eine Nocke Mousse von edelbitterer Schokolade obenauf platzieren und zum Schluss mit einem Schokoladengitter garnieren.

„Schwanensee", eine Sinfonie in Weiß
Hierfür werden zwei oder drei Brandteigschwäne (siehe Seite 38) benötigt. Auch ist es möglich, so große Schwäne zu backen, dass einer pro Dessert ausreicht.
Die Schwäne mit Mousse Blanc (siehe Seite 40) füllen. Sahne leicht süßen, halbfest schlagen und als einen dickeren Spiegel auf einen Teller auftragen. Mit einer kleinen Palette oder ähnlichem Werkzeug „Wellen" formen. Schwäne hineinsetzen und mit Dekorschnee abpudern.

Williamsbirnchen mit Weinschaum und Vanilleeis
Williamsbirnchen aufschneiden und platzieren. Weinschaumsauce (siehe Seite 89) und zwei mit Vanilleeis gefüllte Schwäne anrichten.

Mousse von edelbitterer Schokolade mit Kirsch-Crêpes

Eine hauchdünne süße Crêpe von 15 cm Durchmesser als „Lucky-Luke-Tuch" falten und mit warmen oder kalten Kirschen füllen. Die Kirschen sind mit Weizenstärke oder kaltem Gelee leicht gebunden, mit Zucker und Vanille abgeschmeckt. Eine Nocke Mousse aufsetzen und einen Sahnetupfen auf Schokotopping dressieren. Den Teller leicht mit Kakao abpudern und dann mit Schokodekor (siehe Seite 194) garnieren.

Crêpes

100 g	Milch
50 g	Vollei
30 g	Zucker
75 g	Mehl
	Vanille, gemahlen
1	Prise Salz

Alle Zutaten glatt verrühren. In einer teflonbeschichteten Pfanne mit etwas Öl hauchdünne Crêpes backen.

Tipp
Wird Fruchtsaft mit Weizenstärke gebunden, bleibt er klar, mit Vanillecremepulver wird er trüb.

Tipp für die Tellergröße
Um einem Dessert genügend Wirkung zu geben, ist es wichtig, einen nicht zu kleinen Teller zu wählen. Der äußere Rand sollte 25 cm, die Innenfläche 17 cm nicht unterschreiten. Angerichtet wird grundsätzlich auf dem Tellerinneren, niemals auf dem Rand. Auch Fingerabdrücke oder Wischspuren dürfen hier nicht zu sehen sein.
Um einem Teller eine größere, komplettere Wirkung zu verleihen, kann der Rand aber beispielsweise mit Staubzucker, Kakao oder Pistazienraspel bestreut werden.

schwanensee — Tagesdesserts

Tagesdesserts

Beschwipste Portweinbirne

Mit einem Stechring Ø 10 cm einen Schokoladenbiskuitboden ausstechen und mit Birnenlikör tränken. Die Birne dünn aufschneiden und hineinstaffeln. Mit Portweingelee dünn abglänzen, auf den Teller schieben und den Ring abziehen. Eine Nocke Vanilleeis dazugeben, mit Cassissauce (siehe Seite 132) und gebrannten Walnüssen garnieren.

Gebrannte Walnüsse
Zucker und halbierte Walnüsse in einem Kessel karamellisieren.

Portweingelee

4	Blatt Gelatine
500 g	Portwein
100 g	Weinbrand
100 g	Zucker

Die Gelatine in etwa 250 g Portwein auflösen, die restlichen Zutaten hineinrühren.

Sorbet von grünem und rotem Apfel

Dieses Sorbet von grünem und rotem Apfel kann sowohl als Gang in einer Menüfolge wie auch als Teil eines Fruchtdesserts oder mit einem Obstsalat angeboten werden. Als ausgesprochen leichtes, kalorienarmes Dessert ist es sehr gut verkäuflich.

Mit einem Spritzbeutel (Sterntülle Nr. 14) in ein 5-cl-Glas dressieren. Ein leichter, erfrischender Gang in einer Menüfolge. Als Dessert ist das Sorbet in einer Cocktailschale mit Zuckerrand angerichtet. Mit einem Zestenreißer wird der Zitronenfaden gezogen und mit einem Messer werden die Garniturspalten geschnitten.

Mit Sekt oder Champagner auffüllen, wenn es gewünscht wird.

Tipp

Die Gläser und Schalen werden tiefgekühlt, um ein frühzeitiges Schmelzen des Sorbets zu verhindern. Zusätzlich unterstützt das Beschlagen des Glases den frischen leichten Charakter des Desserts.

Schwanensee
Tagesdesserts

Tagesdessert

Parfait von Heidehonig und Friesentee
Je nach Größe der Form mehrere, etwa 2 Zentimeter starke Scheiben schneiden und auf einen gekühlten Teller schichten. Sahnehauben aufsetzen und etwas Heidehonig darüber zeichnen. Mit fein gestoßenem Kandis oder feinem Krokant dezent bestreuen und einen Zuckertropfen (siehe Seite 199) aufsetzen.

„Die Beschwipste"
Schokoladensauce mit Birnengeist verfeinern und einen Spiegel gießen. Das Williamsbirnchen (siehe Seite 45) aufschneiden, in den Spiegel setzen und dazu eine große Kugel Vanilleeis platzieren. Die schräg stehende Birne unterstützt den Namen „Die Beschwipste". Mit Zuckerdekor (siehe Seite 199) und Sahne dekorieren.

Taormina
Zwei Segmente ausschneiden und arrangieren. Mit einem Spiegel aus Schokoladen-Toppings garnieren. Schokogitter an die Sahnehäubchen stellen.

Rote Grütze mit Vanillesauce
Rote Grütze in einen tiefen Teller füllen. Etwas Vanillesauce darüber zeichnen, die restliche Sauce in einer Sauciere separat dazugeben.

Campari Orange
Ein Stück Campari-Orange-Fruchtmousse auf einen Teller anrichten, mit filetierten Orangenspalten und Orangenzesten servieren.

Panna Cotta auf Orangen-Variegato
Orangen-Variegato auf einen Teller geben. Panna Cotta stürzen und auflegen. Mit Früchten garnieren.

Schwanensee
Tagesdesserts

Tagesdesserts

Eiscup Schwanensee
Zwei Kugeln Vanilleeis in einen vorgekühlten Eispokal portionieren. Gefüllte Brandteigschwäne rechts und links aufsetzen. Mit Sahne und Saucen garnieren.

Milchreis mit Zimtpflaumen
Milchreis in einen Glascup füllen. Kalt servieren oder in der Mikrowelle erwärmen. Zimtpflaumen, warm oder kalt, darauf geben.

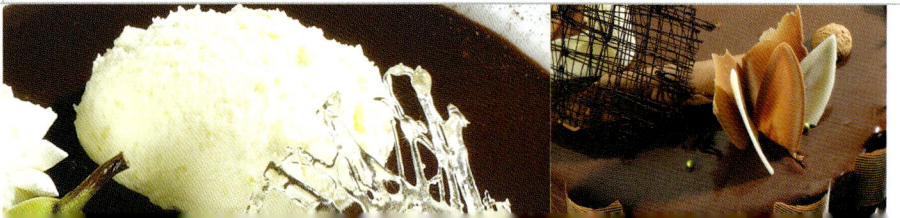

Splittereistorte

Zwei Segmente auf einen Teller anrichten. Mit Girolle, Schokoladengitter (siehe Seite 194) und mit Früchten garnieren.

Schwanensee
Tagesdesserts

Aufbau

Dessertbuffet „Aquarell von frischen Früchten"

(für 100 Personen)

Farbenprächtige Fruchtfülle, zartschmelzende Creme und eisiges Vergnügen, garniert mit knackigen Eiserkuchen.

Bestandteile
- Frische Früchte
- Bayerische Creme
- Vanilleparfait
- Grand-Marnier-Sauce
- Eiserkuchen

Blickfang

Als Blickfang dient eine Schokoladenskulptur, die im starken Kontrast zu dem kräftigen Farbenspiel der Früchte steht.

Aquarell von Früchten
Aufbau

Ein farbenfrohes, leichtes und fruchtiges Dessertbuffet

Organisation

Grundidee

Dieses Dessertbuffet ist ein modernes, leichtes Dessert im Sinn von gesunder, zeitgemäßer Ernährung. Frische Früchte sind der Hauptbestandteil dieses Buffets. Umrahmt werden die Früchte von zartschmelzendem Parfait, edlen Cremes und wohlschmeckenden Saucen.

Hierbei werden Produkte verarbeitet wie Joghurt, Quark oder Buttermilch, die jeder Mensch mit Gesundheit und Fitness in Verbindung bringt.

Die Vielfalt der in der heutigen Zeit verfügbaren Früchte ermöglicht viele attraktive Variationen und Zusammenstellungen (siehe Seite 76 und 77, Schauplatte aus Früchten).

Bevor ein derartiges Buffet mit speziellen Früchten angeboten wird, muss geprüft werden, welche Früchte zu dieser Zeit verfügbar sind. Der fast immer variable Preis für die Früchte (Tagespreis) erschwert das Kalkulieren des Verkaufspreises. Es kann mit dem Kunden eine Vereinbarung getroffen werden, den genauen, für beide Partner gerechten Preis später zu bestimmen.

Ein solches Dessertbuffet wirkt durch die Vielfalt der Früchte und deren Farben. Der Platzbedarf ist relativ gering. Die Schauplatte mit den Früchten und der Schokoladenskulptur ist auf einem Sockel mittig als Blickfang zu platzieren. So kommt sie besser zur Geltung, und die Früchte lassen sich leichter vorlegen. Die Creme und das Eis bilden nach den Desserttellern den Anfang des Buffets. Die Sauce schließt sich an die Früchte an, daran das Dessertgebäck.

Das Eis und auch die Früchte sind für den Gast besonders schwer zu entnehmen. Aus diesem Grunde sollte vorgelegt werden.

So ist ein appetitliches, hygienisches Bild bis zum Ende gewährleistet.

Mengenkalkulation

Wie viel Gramm Dessert pro Person?
100 x 350 g = 35 000 g = 35 kg

Welche Arten von Desserts?
Fünf verschiedene Arten.

Welche Sorten von Desserts?
Frische, verzehrfertige Früchte: 12 000 g
Bayerische Creme: 6000 g
Vanilleparfait: 8000 g
Grand-Marnier-Sauce: 6000 g
Eiserkuchen: 100 x 30 g = 3000 g

Gesamtmenge: 35 000 g = 35 kg

alternativ
12 000 g verzehrfertige Früchte
12 000 g Vanilleeis
 8 000 g Weinschaumsauce

Dessertbuffets sollten nicht knapp bemessen sein. Auch der letzte Gast am Buffet hat den Anspruch auf eine komplette Auswahl. Wird ein besonders attraktives Dessertbuffet angeboten, können die Mengen der anderen Gänge um etwa 10 Prozent reduziert werden.

Für jüngere Menschen, ebenso für Sportler oder Männergesellschaften, werden größere Portionen benötigt als für ältere Personen und Damen. Die Struktur der Gesellschaft sollte in jedem Fall beachtet werden.

Produktionsablauf

Die Planung des Produktionsablaufs beginnt auch hier mit der Zusammenstellung der benötigten Artikel und der Berechnung der Mengen.

Bei diesem Buffet ist das Hauptaugenmerk auf die Beschaffung der Früchte zu legen. Die Erdbeeren müssen beispielsweise, um ein optimales Bild gestalten zu können, eine gleichmäßige mittlere Größe haben. Sie dürfen weder überreif noch zu fest sein. Sie müssen perfekt sein, genau wie die anderen Früchte auch.

Gewöhnen Sie Ihren Lieferanten daran, dass Sie genau sind und die Ware stets kritisch prüfen. Achten Sie nicht nur auf Qualität und Preis, sondern auch auf Vollständigkeit und Gewicht.

Begonnen wird bei diesem Dessertbuffet mit dem Backen der Eiserkuchenröllchen. Diese lassen sich einige Tage in einem geschlossenen Behältnis aufbewahren. Spätestens am Tag zuvor muss das Parfait hergestellt werden. Es benötigt ausreichend Zeit, um durchzufrieren.

Auch ist es ohne Problem möglich, die Schokoladenskulptur, die Cremes und Saucen am Tag zuvor herzustellen und abzufüllen. Sie sollten dann selbstverständlich mit Folie abgedeckt werden, um ein Antrocknen zu verhindern.

Während dieser Zeit reift die Creme, sie bekommt ein volleres, runderes Aroma und eine cremigere Konsistenz. Eventuell verwendetes Eis wird am Tage des Verzehrs frisch gefroren.

Die Fertigstellung ist in relativ kurzer Zeit möglich. Die Früchte müssen arrangiert werden, die Creme wird garniert, und die Eiserkuchenröllchen werden in einem Korb aufbewahrt.

Beim Parfait gibt es verschiedene Möglichkeiten, es anzurichten. Es kann entweder als Formstück auf kühlbaren Kunststoffplatten angerichtet und am Buffet aufgeschnitten werden. Auch ist es möglich, das Parfait bereits aufgeschnitten und garniert auf kühlbaren Platten anzurichten.

Mit Ausnahme des Parfaits und der Creme kann das Dessertbuffet zeitgleich mit dem Speisenbuffet aufgebaut werden. Die Früchte haben ausreichend Zeit, die Raumtemperatur anzunehmen. Sie bekommen dadurch ein stärkeres Aroma und sind angenehmer zu verzehren. Die aromatischen Eiserkuchenröllchen haben die Möglichkeit, durch ihren intensiven Duft die Gäste auf ein leckeres Dessert einzustimmen.

Bezugsliste

- Präsentationsplatten — *WMF*
- Schüsseln — *WMF*
- Handspritzpistole — *Handel/Baumarkt*
- Skulpturen/Rohlinge — *Handel/Baumarkt*
- Kuvertüren — *Kessko*
- Eismaschine — *Eisforum*
- Kokospüree — *Boiron*
- Eisbindemittel — *Eisforum*
- Trockenglucose — *Eisforum*
- Rührmaschine — *Pefra*
- Schokoladentropfen zum Füllen — *Bombasei*
- Kuvertüren — *Kessko*
- Schlagsahne, Bag-in-Box-System — *Friesland Madibic*

Schokoladenskulptur

Herstellung einer Schokoladenskulptur mit Kern

Bei kleineren Skulpturen von etwa 30 cm Höhe eignet sich ein massiver Rohling aus Marmormehl und weißem Zement. Er lässt sich immer wieder verwenden und nach dem Gebrauch in der Spülmaschine problemlos reinigen. Anschließend sollte er mehrere Tage auf einem Gitterrost stehend trocknen.

Es ist auch möglich, einen Körper aus Gießharz zu verwenden. Er eignet sich für kleine und große Skulpturen. Auch er lässt sich in der Spülmaschine reinigen. Eine solche Figur ist relativ leicht, dadurch kann es zu Problemen bei der Standsicherheit kommen. Figuren mit nicht so hohem Schwerpunkt oder breitem Fuß stehen sicherer. Diese Figuren verschleißen und zerbrechen nicht.

Bei größeren Skulpturen kann auch ein hohler Rohling aus Gips verwendet werden. Der Vorteil ist, dass die Skulptur nicht so schwer wird, und sich auch, selbst wenn sie sehr groß ist (70 cm oder mehr), leicht bewegen und handhaben lässt. Ein solcher Rohling ist preiswert. Der Nachteil ist aber, dass er nach etwa 10 Präsentationen verschlissen ist.

Die Reinigung ist gleich, wobei sich der Gips voll Wasser saugt. Gerade bei diesem Rohling ist es wichtig, dass er auf einem Gitterrost ausreichend Zeit hat, um völlig zu trocknen.

Herstellung einer Schokoladenskulptur „Sitzende Jungfrau"

Was wird benötigt?
- Der Rohling
- Dunkle, Vollmilch- und/oder weiße Kuvertüre
- Spritzpistole
- Runddeckel oder Weißblech
- Platte für den endgültigen Standort

Die grob zerkleinerte Kuvertüre in eine Schüssel geben, im Wasserbad auflösen und auf etwa 45 °C erwärmen. Sie muss nicht temperiert werden. Durch Zugabe von flüssiger Kakaobutter oder flüssigem Hartfett (Kokosfett) die Kuvertüre flüssiger machen. Um ein optimales Ergebnis zu erzielen, ist eine Konsistenz ähnlich flüssiger Sahne erforderlich.

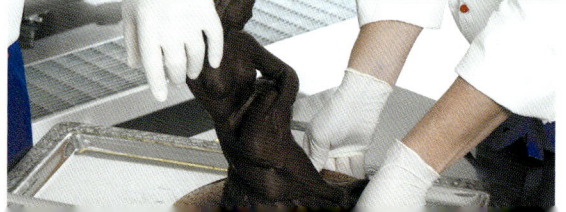

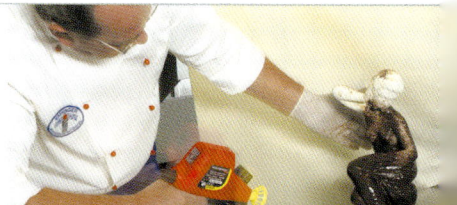

Der Rohling muss auf etwa 3 °C durchgekühlt sein. Die Raumtemperatur sollte etwa 21 °C betragen und trocken sein, da ansonsten der Rohling beschlägt.
Die Kuvertüre in den Tank füllen und an die Spritzpistole schrauben. Als Erstes werden die Unterseiten (nicht der Boden) der Skulptur besprüht. Hierbei ist sie am Kopf zu halten und zur Seite zu neigen.

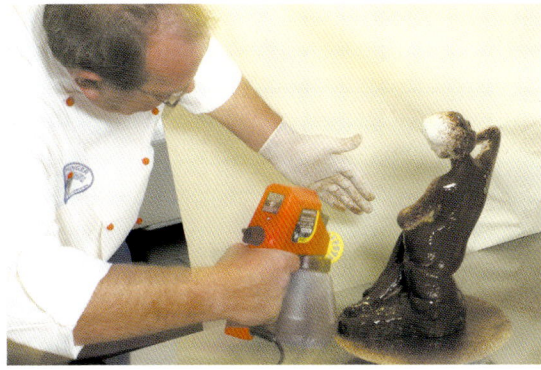

Auf einem Runddeckel oder Weißblechrückseite stehend die Skulptur drehend gleichmäßig besprühen. Die Schichtstärke soll 2 bis 3 mm betragen. Ansätze sind bei dieser Technik nicht zu erkennen.

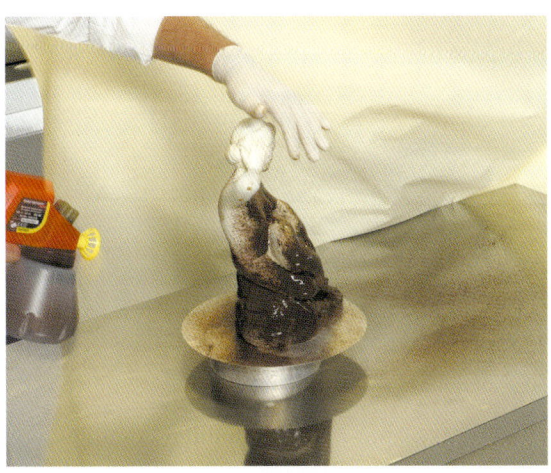

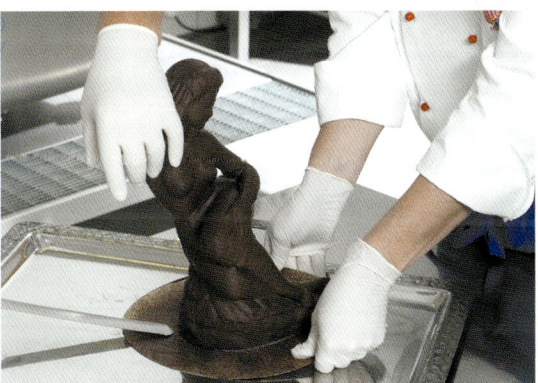

Sofort nach dem Fertigstellen der Skulptur diese auf die Platte setzen. Um ein Verrutschen zu vermeiden, ist sie mit einem Schokoladen- oder Buttertupfen zu fixieren. Die Herstellungszeit beträgt insgesamt etwa 15 Minuten.

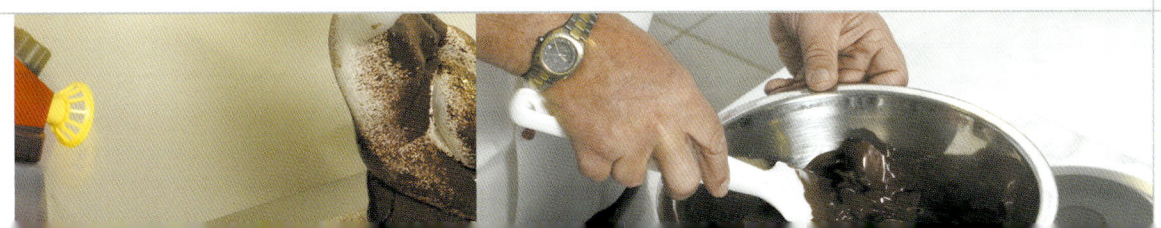

Aquarell von Früchten
Schokoladenskulptur

Schokoladenskulptur

Alternative Technik

Bei dieser Pinseltechnik wird die Kuvertüre im Wasserbad geschmolzen und nicht temperiert. Die gekühlte Skulptur am Kopf schräg halten und die Unterseiten mit einem flachen Pinsel betupfen.

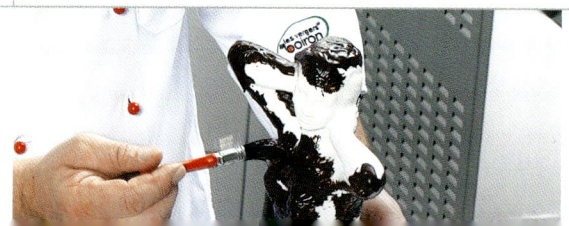

Auf einem Runddeckel die Skulptur rundherum gleichmäßig betupfen. Ansätze sind auch hierbei nicht zu erkennen. Die Herstellungszeit beträgt etwa 30 Minuten.

Herstellung eines Harlekins

Der Körper des Harlekins ist aus normalem Gips. Dieser ist, wie auch viele andere Hohlkörper, in Bastelgeschäften preiswert zu bekommen. Er ist ebenfalls in Sprühtechnik überzogen.
Die farbliche Gestaltung des Harlekins erfolgt mit Eiweißspritzglasur (siehe Seite 99). Hierzu werden Teilmengen eingefärbt.

Aquarell von Früchten
Schokoladenskulptur

Schauplatte aus Früchten

Herstellung einer Schauplatte aus frischen Früchten mit Schokoladenskulptur

Die Schokoladenskulptur ist so auf der Platte zu platzieren, dass sie den Gast „anschaut". Hieraus ergibt sich durch gleichmäßiges Anordnen der Früchte ein harmonisches Bild.

Die Früchte schonend in kaltem Wasser waschen, abtropfen lassen und auf Schädlingsbefall prüfen. Beschädigte Früchte aussortieren.

Gleichmäßig große Erdbeeren um den Fuß der Skulptur und an den Rand der Platte anordnen.

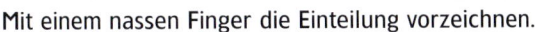

Mit einem nassen Finger die Einteilung vorzeichnen.

Mit Erdbeeren Segmente abteilen und mit Früchten ausfüllen.

Die Früchte nach Größe, Art und Farbe harmonisch anordnen. Die Herstellungszeit beträgt etwa 30 Minuten.

Aquarell von Früchten
Schauplatte aus Früchten

Schauplatte aus Früchten

Komposition von frischen Beerenfrüchten, dazu Vanilleeis und warmer Weinschaum

Beerenfrüchte:
- Erdbeeren
- Brombeeren
- Waldbeeren
- Stachelbeeren
- Johannisbeeren
- Kapstachelbeeren

Exotische Urlaubsgrüße von tropischen Früchten, dazu Maracuja-Creme, Sorbet von frischen Pitahayas und halbfeste Vanillesahne

Tropische Früchte:
- Karambolen
- Litschis
- Feigen
- Kiwis
- Mangos
- Ananas
- Papayas
- Granatäpfel
- Sharonfrüchte

Pflückfrisches Gartenobst, dazu Topfenmousse, Buttermilchsorbet und Minzsauce

Gartenobst:
- Pflaumen
- Erdbeeren
- Pfirsiche
- Aprikosen
- Birnen
- Johannisbeeren
- Brombeeren

Aquarell von Früchten
Schauplatte aus Früchten

Rezepturen

Bayerische Creme, handwerklich

- 1000 g Vollmilch
- 200 g Zucker
- 1 Vanilleschote
- 200 g Eigelb
- 8 Blatt Gelatine
- 1000 g Sahne, geschlagen, ungesüßt

Das Mark aus der Vanilleschote herausstreichen. Vollmilch, Zucker und Vanilleschote aufkochen. Die kochende Milch nach und nach in das Eigelb einrühren. Die in eiskaltem Wasser eingeweichte Gelatine ausdrücken, hinzugeben und unterrühren. Anschließend die Masse im Eisbad kalt rühren.

Beginnt die Masse anzuziehen, Vanilleschote abstreifen und entfernen. Die geschlagene Sahne vorsichtig unterheben.

In vorbereitete Gefäße füllen und kalt stellen. Diese Bayerische Creme benötigt mindestens 6 Stunden Kühlhaustemperatur, um abzustocken. Sie lässt sich mit Folie abgedeckt mehrere Tage problemlos im Kühlhaus aufbewahren.

Nach dem Erstarren garnieren.

Rezepturen

Bayerische Creme, im Pasteurisierer hergestellt

Ist eine Eismaschine mit Pasteurisierer vorhanden, besteht die Möglichkeit, die Grundcreme in dieser herzustellen. Hierzu Milch, Zucker, Vanille und Eigelb in den Pasteurisierer füllen und bis 85 °C erhitzen. Bei Erreichen der Temperatur die eingeweichte, ausgedrückte Gelatine hinzugeben.

Das Ablaufventil öffnen, und die Flüssigkeit strömt in den Gefrierzylinder. In diesem wird sie bei langsamer Rührgeschwindigkeit heruntergekühlt. Die Entnahme erfolgt bei 20 °C. Die geschlagene Sahne muss sofort untergezogen werden.

Das Abziehen von Creme in dieser Eismaschine ist problemlos und in kürzester Zeit möglich. Aus hygienischer Sicht ist diese Produktionsart die sicherste Methode. Wird Creme in flachen Gefäßen angerichtet, bleibt die Garnitur länger erhalten, und die Entnahme ist appetitlicher.

Bayerische Creme, mit Schokoladenröllchen und Karamellstück garniert.

Die Variationsmöglichkeiten

Die Bayerische Creme ist ein Klassiker unter den Desserts. Vielfältige Variationsmöglichkeiten geben einem immer noch zeitgemäßen Dessert ein anderes Outfit.
Einige Rezeptvorschläge sollen Anregungen auch zur Herstellung eigener Kreationen geben.

Maracuja-Creme

800 g	Maracujasaft
200 g	Maracujalikör
150 g	Zucker
200 g	Eigelb
8	Blatt Gelatine
1000 g	Sahne, geschlagen, ungesüßt

Aquarell von Früchten
Rezepturen

Rezepturen

Cointreau-Creme

800 g	Milch
200 g	Cointreau
200 g	Zucker
1	Msp. Orangenzeste
200 g	Eigelb
8	Blatt Gelatine
1000 g	Sahne, geschlagen, ungesüßt

Kentucky-Bourbon-Creme

600 g	Milch
400 g	Kentucky Whiskey
200 g	Zucker
200 g	Eigelb
8	Blatt Gelatine
1000 g	Sahne geschlagen, ungesüßt

Peppermint-Creme

800 g	Milch	
200 g	Pfefferminzlikör	
200 g	Zucker	
200 g	Eigelb	
8	Blatt Gelatine	
	evtl. gehackte Minze	
1000 g	Sahne, geschlagen, ungesüßt	

Creme von Altbier

400 bis 600 g	Altbier	
600 bis 400 g	Milch	
200 g	Zucker	
200 g	Eigelb	
8	Blatt Gelatine	
1000 g	Sahne, geschlagen, ungesüßt	

Aquarell von Früchten
Rezepturen

Rezepturen

Creme von weißer Schokolade

1000 g	Milch
120 g	Zucker
1	Mark von 1 Vanilleschote
200 g	Eigelb
500 g	weiße Schokolade, gehackt
6	Blatt Gelatine
1 000 g	Sahne, geschlagen, ungesüßt

Vanilleparfait

100 g	Vollei, pasteurisiert
20 g	Eigelb, pasteurisiert
100 g	Zucker
1	Vanilleschote
1	Prise Salz
500 g	Sahne, geschlagen, ungesüßt

Das Mark aus der Vanilleschote herausstreichen. Das Vollei, Eigelb, Zucker, Vanilleschote sowie das Salz in einem Kessel auf dem kochenden Wasserbad aufschlagen, bis die Eier binden (etwa 85 °C). Im Eisbad kalt rühren und die Vanilleschote entfernen. Die Sahne mit einem Schneebesen unterheben und in die bereitstehenden Tiegel oder Formen füllen.

In der Tiefkühlung einfrieren. Die hier verwendeten Tiegel und Formen benötigen mindestens 6 Stunden, um durchzufrieren. Um das Parfait aus den Formen lösen zu können, mit einem Heißluftföhn oder unter einem warmen Wasserstrahl die Form leicht anwärmen. Jetzt löst sich das Parfait leicht aus der Form. Garnieren und anrichten.

Aquarell von Früchten
Rezepturen

Rezepturen

Grand-Marnier-Sauce

- 800 g Milch
- 800 g Sahne
- 150 g Zucker
- 160 g Eigelb
- 60 g Vanillecremepulver
- 400 g Grand Marnier

Etwa 600 g der Milch, Sahne und Zucker aufkochen. Die restliche Milch, Eigelb und Vanillecremepulver anrühren, in die kochende Flüssigkeit einarbeiten und nochmals aufkochen.

Die Creme von der Feuerstelle nehmen, den Grand Marnier unterschlagen und im Eisbad abkühlen. Gelegentlich durchrühren.

Abgedeckt kann diese Sauce einige Tage in der Kühlung aufbewahrt werden.

Tipp
Diese Sauce lässt sich nicht nur kalt, sondern auch warm zu einem Backapfel oder zu einem gefüllten Pfannküchlein reichen.

Eiserkuchen

500 g	Wasser
200 g	weißer Kandiszucker
200 g	Butter
450 g	Mehl
1	Ei
5 g	Anis
5 g	Zimt

Das Wasser auf etwa 80 °C erwärmen, den Kandiszucker darin auflösen und erkalten lassen. Die weiche Butter schaumig rühren. Die restlichen Zutaten hinzugeben und mit einem Rührbesen unterarbeiten. Der Teig sollte nach Möglichkeit etwa 12 Stunden an einem kühlen Ort mit Folie abgedeckt ruhen. So wird ein besseres Backergebnis erzielt.

Im Eiserkuchengerät goldbraun backen und sofort locker um einen Stab rollen (oder zu Vierteln falten oder zu Körbchen formen).

Begriffserklärung

Im Rheinland sind Eiserkuchen als eine Art Dauergebäck weit verbreitet. Die jedermann bekannten gedrehten Eishörnchen werden aus dieser Masse hergestellt.

Eiserkuchen ist eine dickflüssige Masse, die sehr dünn in einem besonderen Waffeleisen gebacken wird. Sie lässt sich sofort nach dem Backen zu Eiswaffeln drehen oder in eine andere, individuelle Form bringen. In der kalten Jahreszeit häufig zu Rollen gedreht, werden die Eiserkuchen anschließend mit geschlagener Sahne gefüllt.

Wichtig für die Herstellung der Waffelmasse sind ausreichend starke und beim Backen wohlriechende Gewürze, wie zum Beispiel Anis, Zimt, Nelken und Kardamom. Die Verwendung von Wasser gewährleistet eine knusprige Waffel, die nach dem Backen schnell aushärtet und sich anschließend lange in der geschlossenen Blechdose aufbewahren lässt.

Dieses erstklassige Rezept stammt von meiner Mutter Adelheid Biermann, die bis zum heutigen Tage die leckersten Eiserkuchen backt.

Rezepturen

Vanilleeis, handwerklich

1120 g	Vollmilch
250 g	Sahne
300 g	Zucker
60 g	Dextrose (Traubenzucker)
60 g	Magermilchpulver
10 g	Bindemittel (5-g-Basis)
1	Prise Salz
3	Vanilleschoten
160 g	Eigelb, pasteurisiert

Das Mark aus den Vanilleschoten herausstreichen. Die Vollmilch, Sahne, Zucker, Dextrose, Magermilchpulver, Eisbindemittel, Salz, Vanilleschoten und -mark aufkochen. Die kochende Masse nach und nach in das Eigelb einrühren und zur Rose abziehen. Anschließend im Eisbad kalt rühren und die Vanilleschoten entfernen. In der Eismaschine das Vanilleeis ausfrieren und in ein vorgekühltes Gefäß füllen.

Vanilleeis, in der kombinierten Speiseeismaschine hergestellt

Hierzu werden sämtliche Zutaten gut vermischt in den Pasteurisierkessel gefüllt und auf 85 °C erhitzt. Nach Erreichen der Temperatur fließt der jetzt pasteurisierte Eismix durch Öffnen des Ventils in den Gefrierzylinder und wird dort ausgefroren. Nach Erreichen der vorher gespeicherten Temperatur von etwa −9 °C das fertige Vanilleeis entnehmen.

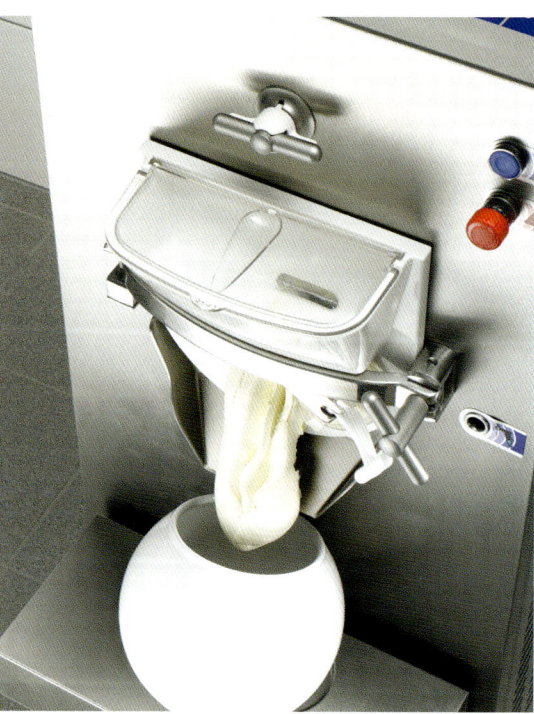

Warme Weinschaumsauce (Sabayon)

1000 g	Weißwein
200 g	Obstbrand (Williams, Kirsch, Apfel)
50 g	Zitronensaft
200 g	Zucker
400 g	Eigelb, pasteurisiert
10 g	Weizenstärke
1	Msp. Vanille, gemahlen

Wasser in einem Topf zum Kochen bringen. Alle Zutaten in einen Kessel geben, Kessel aufsetzen und aufschlagen.

Bei 70 °C beginnt die Masse cremig zu werden. Ist bei 85 °C eine saucenartige Konsistenz erreicht, den Kessel vom Wasserbad herunternehmen. Die Struktur der Sauce ist noch sehr grobporig.

2 bis 3 Minuten langsam weiterschlagen, bis die Sauce feinporig und cremiger geworden ist.

Tipp
Verwenden Sie unbedingt pasteurisiertes Eigelb! Bei der Verwendung von frischem Eigelb ist nicht auszuschließen, dass eventuell vorhandene Keime (Salmonellen) weder durch den Alkohol noch durch die Hitze abgetötet werden.

Aquarell von Früchten
Rezepturen

Rezepturen

Pitahaya-Sorbet

2000 g	Pitahaya-Fruchtmark
900 g	Wasser
	Zitronensaft
900 g	Zucker
150 g	Trockenglucose
10 g	Bindemittel (5-g-Basis)

Die Früchte halbieren, das Fruchtfleisch entnehmen und die leeren Fruchthälften einfrieren. Die trockenen Zutaten miteinander vermischen, mit etwas Wasser angleichen und mit dem restlichen Wasser sowie dem Fruchtfleisch und dem Zitronensaft kurz pürieren. In der Eismaschine ausfrieren bis etwa −10 °C. Direkt in einen Dressierbeutel (Einweg, Sterntülle Nr. 14) geben und in die mittlerweile tiefgefrorenen Fruchthälften dressieren.

Nach dem Durchgefrieren anrichten.

Kokoseis

2150 g	Milch
300 g	Sahne
600 g	Kokospüree
520 g	Zucker
100 g	Dextrose
120 g	Magermilchpulver
120 g	Bindemittel (50-g-Basis)
1	Prise Salz

Milch, Sahne und Kokospüree in den Pasteurisierer einfüllen und auf 85 °C erhitzen. Die trockenen Zutaten abwiegen, vermischen und bei 50 °C zugeben. Bei 85 °C das Ventil öffnen, den Eismix in den Freezer laufen lassen und gefrieren. Bei −9 °C entnehmen und in einen vorgekühlten Behälter füllen.

Aquarell von Früchten
Rezepturen

Rezepturen

Halbfeste Vanillesahne

1000 g	Schlagsahne
40 g	Zucker
	Vanille, gemahlen

Zutaten in einen Kessel geben. So lange schlagen, bis die gewünschte Konsistenz erreicht ist. Mit etwas Eisbindemittel kann die Stabilität erhöht werden. Weitere Verwendungsmöglichkeiten von halbfester Vanillesahne:
- zum Wiener Apfelstrudel
- zum Obstsalat
- zum Erdbeerkörbchen
- als Kontrast in einem Fruchtspiegel

Topfencreme

100 g	Eigelb, pasteurisiert	
200 g	Zucker	
1	Prise Salz	
10 g	Zitronensaft	
1	Msp. Vanille, gemahlen	
7	Blatt Gelatine	
750 g	Topfen (Schichtkäse)	
600 g	Sahne, geschlagen, ungesüßt	

Das Eigelb, Zucker, Salz, Zitrone und Vanille in einen Kessel geben und auf dem kochenden Wasserbad aufschlagen, bis das Eigelb bindet (etwa 85 °C). Den Kessel herunternehmen und die eingeweichte und ausgedrückte Gelatine einrühren.

Die Masse im Eisbad kalt rühren. Den Topfen hinzugeben, mit einem Schneebesen glatt rühren, anschließend die Sahne unterheben und sofort abfüllen. Diese Topfencreme benötigt etwa 6 Stunden Kühlhaustemperatur, um zu stocken. Nach dem Erstarren garnieren.

Aquarell von Früchten
Rezepturen

Rezepturen

Buttermilchsorbet

100	g	Sahne
170	g	Zucker
30	g	Dextrose
30	g	Bindemittel (50-g-Basis)
10	g	Grand Marnier
25	g	Zitronensaft
25	g	Orangensaft
600	g	Buttermilch
1		Prise Salz

Die trockenen Zutaten miteinander vermischen. Die flüssigen Zutaten nach und nach zugeben und etwa 1 Minute mit dem Stabmixer emulgieren. In der Eismaschine bis etwa −9 °C ausfrieren und in ein vorgekühltes Behältnis füllen.

Minzsauce

1000 g	Crème fraîche
150 g	Zucker
200 g	Pfefferminzlikör
100 g	Sahne (etwa)
	frische, gehackte Minze (wenn vorhanden)

Alle Zutaten in eine Rührschüssel geben und miteinander verrühren. Nach etwa 2 Minuten, nachdem sich der Zucker aufgelöst hat, nochmals durchrühren. Durch Erhöhen oder Reduzieren des Sahneanteils die Konsistenz beeinflussen.
Diese Sauce harmoniert durch ihren frischen, minzigen Geschmack ideal mit Früchten und Eis.

Aquarell von Früchten
Rezepturen

Rezepturen

Knuts Sauerrahmmousse

120 g	Eiweiß
1	Prise Salz
300 g	Zucker
100 g	Wasser
3	Blatt Gelatine
400 g	Sauerrahm
200 g	Sahne, geschlagen, ungesüßt

Das Eiweiß mit dem Salz langsam in der Rührmaschine schlagen. Zucker und Wasser auf 110 °C kochen und sofort dem fest geschlagenen Eiweiß hinzufügen. Bei mittlerer Geschwindigkeit die Masse kalt schlagen.

In die kalte, stabile Masse die aufgelöste Gelatine einrühren. Den Sauerrahm und die Sahne mit einem Schneebesen unterheben. Die Masse sofort in bereitgestellte Formen abfüllen. Nach dem Erstarren aus der Form nehmen und garnieren.

Tipp
Quark oder Joghurt sind bei gleicher Rezeptur Alternativen zum Sauerrahm.

Calvados-Karamell

1000 g	Zucker
500 g	Apfelsaft
250 g	Calvados

Zucker in einem Kessel schmelzen und leicht bräunen. Den Apfelsaft erhitzen und den gebräunten Zucker vorsichtig damit ablöschen. Etwas reduzieren, um eventuell entstandene Kristalle erneut aufzulösen.
Ist der Karamell auf etwa 40 °C abgekühlt, mit dem Calvados abschmecken. Der völlig abgekühlte Karamell ist klar und hat eine Konsistenz wie Ahornsirup.

Tipp
Bräunt der Zucker stärker, wird der Karamell kräftiger im Geschmack, bei hellerer Bräunung milder.

Aquarell von Früchten
Rezepturen

Rezepturen

Fruchtsauce oder Fruchtpüree

Zur Herstellung von Fruchtsaucen oder Fruchtpürees auf „kaltem Wege", so wie hier beschrieben, eignen sich nur Früchte, die Bindekraft haben.

Nicht geeignet sind Orangen, Äpfel, Pflaumen und Johannisbeeren wegen ihres hohen Wassergehalts.

Sehr gut eignen sich Himbeeren, Brombeeren, Erdbeeren, Aprikosen, Pfirsiche, Maracujas und Mangos.

Nach Saison oder Verfügbarkeit können frische oder getaute Früchte, aber auch Konservenfrüchte verarbeitet werden. Große Früchte gegebenenfalls in Segmente teilen und nach Bedarf mit Zucker mischen. Ziehen die Früchte etwa 3 Stunden, wird ein runderes, volleres Aroma erreicht.

Diese Mischung wird im Mixer oder mit dem Pürierstab zerkleinert. Durch die Zugabe von Obstsaft kann die Konsistenz beeinflusst werden. Mit Zitronensaft und Obstbrand die Fruchtsauce abschmecken.

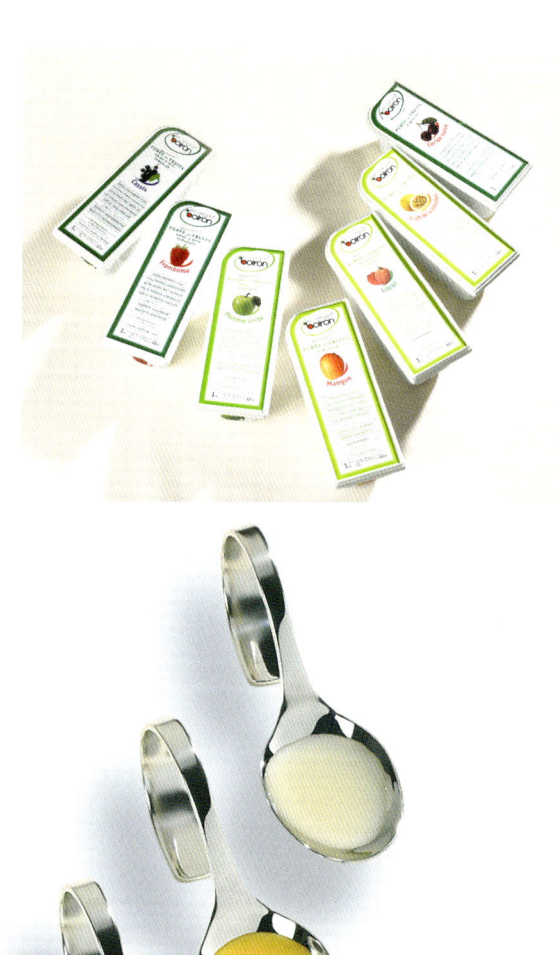

Eiweißspritzglasur

Staubzucker
Eiweiß, pasteurisiert
etwas Zitronensaft

So viel gesiebten Staubzucker in das Eiweiß rühren, bis eine spritzfähige Konsistenz erreicht ist. Zitronensaft hinzugeben und klumpenfrei aufschlagen. Die Glasur muss Stand haben, sie darf nicht vom Löffel fallen. Ein Spritztütchen drehen.

Die Eiweißspritzglasur in das Spritztütchen füllen. Tütchen verschließen und die Spitze mit einer Schere öffnen.
Zum Garnieren des Harlekins (Seite 73) wird die Masse mit natürlichen Farben eingefärbt.

Aquarell von Früchten
Rezepturen

Tagesdesserts

Arrangement von frischen Früchten
Tellerrand mit Dekorschnee abpudern und mit Pistaziengrieß bestreuen. Eine Nocke Bayerische Creme oder Vanilleeis aufsetzen und die Früchte arrangieren.

Erdbeeren im Körbchen
Erdbeeren mit Zucker und Grand Marnier marinieren. Eine große Kugel Vanilleeis in ein Eiserkuchenkörbchen platzieren. Die Erdbeeren darüber geben und mit Sahne sowie Zuckerdekor garnieren.

Mandeltörtchen mit Johannisbeeren und Buttermilchsorbet

Mandelmürbeteig
- 200 g Butter
- 125 g Zucker
- 350 g Mehl, gesiebt
- 50 g Vollei
- 100 g Mandeln, gemahlen
- 1 Msp. Vanille, gemahlen
- 1 Prise Salz

Butter und Zucker schaumig rühren. Die restlichen Zutaten hinzugeben und zu einem Teig verkneten. In Folie verpackt etwa 2 Stunden in der Kühlung ruhen lassen.
Den Teig 2 mm stark ausrollen und Tortelettsformen auslegen. Kurz mit einer Gabel einstechen (verhindert das Blasenschlagen des Teigs). Im Ofen backen.
Temperatur: 180 °C
Backzeit: etwa 15 Minuten

Mandelbiskuitfüllung
- 200 g Butter
- 200 g Zucker
- 100 g Vollei
- 30 g Obstler
- 200 g Mandeln, fein gemahlen
- 200 g Crème Patissière
- 1 Msp. Zitronenschale, gerieben
- 1 Msp. Vanille, gemahlen
- 1 Prise Salz

Die weiche Butter mit dem Zucker cremig rühren. Die restlichen Zutaten dazugeben und die Masse schaumig rühren.

Fertig stellen der Törtchen
- 250 g Rote Johannisbeeren, frisch oder gefroren
- 50 g Mandeln, gehobelt
- 50 g Zucker

Die Mandelmasse in die Törtchen verteilen. Die Johannisbeeren leicht in die Masse drücken, mit Mandeln und Zucker bestreuen. Im Ofen knusprig backen.
Temperatur: 180 °C
Backzeit: etwa 10 Minuten

Das warme Mandeltörtchen auf einen Teller geben. Das Buttermilchsorbet darauf portionieren und garnieren.

Aquarell von Früchten
Tagesdesserts

Tagesdesserts

Knuts Sauerrahmmousse mit Kirschbeignets

In Schoko-Tropfenform Sauerrahmmousse dressieren. Die Kirschbeignets auf Fruchtsauce anordnen. Den Teller abpudern und das Karamellbruchstück luftig aufsetzen.

Kirschbeignets

50	g	Eiweiß
30	g	Zucker
100	g	Mehl
1		Prise Salz
20	g	Olivenöl
50	g	Eigelb
100	g	Weißwein
20	g	Kirschwasser
25		große Kirschen mit Stiel

Fruchtsalat mit Grand-Marnier-Sauce

Früchte in Segmente schneiden, mit Zucker und Grand Marnier marinieren. Eine große Kugel Vanilleeis in ein Glas füllen, den Fruchtsalat darüber geben und mit Grand-Marnier-Sauce überziehen. Mit Schokoladendekor (siehe Seite 194) garnieren.

Eiweiß und Zucker zu Schnee schlagen. Die restlichen Zutaten glatt miteinander verrühren und das Eiweiß-Zucker-Gemisch unterheben. Die Kirschen am Stiel halten, in den Teig tauchen und bei 160 °C in flüssigem Fett goldgelb backen. Auf Küchenkrepp abtropfen lassen.

Erdbeeren mit Pernod
Erdbeeren mit Zucker, Pernod und fein gemahlenem Pfeffer marinieren. Eine große Kugel Vanilleeis in einen Cup füllen. Die marinierten Erdbeeren darüber geben und mit Sahne garnieren.

Rumpunsch Montego
Zwei Kugeln Eis (Vanille- und Kokoseis) in eine Rumtasse portionieren. In Captain-Morgan-Rum eingelegte Sultaninen, einige karamellisierte Kokosscheiben und etwas von dem Karamell darüber geben. Mit Sahnehaube und karamellisierten Kokosscheiben garnieren.

Karamellisierte Kokosnussscheiben
- 400 g   Fruchtfleisch der Kokosnuss
- 100 g   brauner Zucker
- 100 g   Kokosmilch
- 50 g   Captain-Morgan-Rum

Das Fruchtfleisch der Kokosnuss 1 mm dick aufschneiden und beiseite stellen. Den Zucker schmelzen und mit der Kokosmilch ablöschen. Ist der Zucker gelöst, die Kokosnussscheiben zugeben, leicht köcheln lassen und mit dem Rum flambieren.

Aquarell von Früchten
Tagesdesserts

Tagesdesserts

Bayerische Creme im Glas
Der Bayerische Creme in ein schräg stehendes Glas füllen. Nach dem Erstarren Erdbeermark oder Calvados-Karamell (siehe Seite 97) mit einem Fülltrichter hinzugeben.

Topfencreme auf Zimtpflaumen
Zimtpflaumen (siehe Seite 52) auf einem Teller verteilen. Drei verschieden große Bällchen Topfenmousse formen, in den Knusperbröseln rollen und auf dem Teller platzieren.

Knusperbrösel
Fein geriebene Biskuitbrösel (Abschnitte) mit etwas Zucker in Butter knusprig rösten und erkalten lassen.

Himbeeren mit Vanilleeis und Weinschaum
Himbeeren mit Zucker und Himbeergeist marinieren. Eine große Kugel Vanilleeis in einen Cup legen, die Himbeeren darüber geben und mit dem warmen Weinschaum auffüllen. Mit Hippengebäck (siehe Seite 54) garnieren.

Cointreau-Creme mit kandierten Zwergorangen (Kumquats)

Nocken von Cointreau-Creme anrichten. Die kandierten Zwergorangen und Orangenscheiben dazugeben. Den Orangensirup auf dem Teller angießen und mit Dekorschnee bestäuben.

Kandierte Zwergorangen (Kumquats)

1	Vanilleschote
30	Zwergorangen
50 g	Zucker
25 g	Gelierzucker
75 g	Honig
150 g	Weißwein
1	Zimtstange
	Sternanis
20 g	Cointreau

Das Mark aus der Vanilleschote herausstreichen. Die Zwergorangen halbieren, entkernen und in kochendem Wasser blanchieren. Die restlichen Zutaten in einer Kasserolle aufkochen. Die Zwergorangen hinzugeben und 2 bis 3 Minuten bei schwacher Hitze köcheln lassen. Anschließend darin ziehen lassen. Sind die Zwergorangen etwas abgekühlt, diese halbieren und von einer Hälfte eine etwa 2 mm starke Scheibe abschneiden. Mit dem passenden Stechring den Fruchtkern ausstechen. Die Hälften mit dem Schalenring geschickt zusammensetzen.

Kentucky-Bourbon-Creme auf Karamell

Ein Karamellblatt auf dem Teller fixieren und zwei Nocken Kentucky-Bourbon-Creme auflegen. Das zweite Blatt anlegen und garnieren.

Aquarell von Früchten
Tagesdesserts

Tagesdesserts

Mango-Erdbeer-Carpaccio, überbacken mit Quarksoufflé

Mango- und Erdbeerscheiben auf einem Teller verteilen. Die Quarksoufflémasse dünn darüber geben. Im Salamander goldgelb überbacken. Leicht abkühlen lassen, mit Dekorschnee bestäuben.

Quarksoufflémasse
- 80 g Eiweiß, pasteurisiert
- 90 g Zucker
- 500 g Sahnequark
- 80 g Eigelb, pasteurisiert
- 75 g Staubzucker
- 40 g Weizenstärke
- 25 g Maracujalikör
- 1 Msp. Vanille, gemahlen
- 1 Msp. Zitronenschale

Eiweiß und Zucker zu steifem Schnee schlagen. Die restlichen Zutaten miteinander verrühren und den Eischnee unterziehen.

Exotische Früchte mit Peppermint-Creme und Kokoscrisp

Früchte auf einem Teller arrangieren. Eine Nocke Peppermint-Creme auflegen, mit Kokoscrisp und Minze garnieren.

Kokoscrisp
- 20 g Butter
- 50 g Zucker
- 100 g Kokosraspel, grob

Alle Zutaten mischen und in einer Kasserolle goldgelb und knusprig rösten.

Creme von Altbier
mit karamellisierten Babyäpfeln

Karamellisierte Babyäpfel auflegen. Eine Nocke Altbiercreme auf eine Zuckerscherbe portionieren. Apfelkaramell auf den Teller zeichnen, ein hauchdünnes zerknittertes Brickteigblatt auflegen und den Teller mit Zimt bestäuben.

Karamellisierte Babyäpfel

- 30 g Butter
- 75 g Zucker
- 12 Babyäpfel
- Apfelsaft
- Calvados

Butter und Zucker in einer Pfanne karamellisieren. Die Babyäpfel hinzugeben, etwa 1 Minute darin wenden, dann anrichten. Den restlichen Karamell mit Apfelsaft und Calvados ablöschen und reduzieren. Ist die gewünschte Konsistenz erreicht, mit dem Anrichten fortfahren.

Zerknitterte Brickteigblätter

Brickteig hauchdünn ausrollen, zerknittern und im Ofen bei 180 °C kurz backen. Anschließend in heißem Fett goldgelb backen und auf Küchenkrepppapier abtropfen lassen.

Aquarell von Früchten
Tagesdesserts

Tagesdesserts

**Creme von weißer Schokolade
mit flambierten Babybananen**

Eine Nocke Creme von weißer Schokolade auflegen. Die Bananen stufig anordnen und die Sauce mit den Mangostreifen dazugeben.

Flambierte Babybananen
- 10 Babybananen
- 20 g Butter
- 1 Msp. Vanille, gemahlen
- 100 g Rohrzucker
- 125 g Kokosmilch
- Zitronensaft
- 100 g Mangostreifen
- 50 g Rum (54 %)

Die Bananen schälen und zerteilen. Butter, Vanille und Rohrzucker in der Pfanne karamellisieren, mit Kokosmilch und Zitronensaft ablöschen und etwas reduzieren. Die Mangostreifen und die Bananensockel hinzugeben, darin wenden und mit dem Rum flambieren. Die Bananen müssen fest bleiben.

Pfirsich Melba (der Klassiker einmal anders)
Hippenschale mittig mit einem Cremetupfen auf dem Teller fixieren. Eine Kugel Vanilleeis in die Hippenschale portionieren. Den marinierten weißen Pfirsich darauf setzen, mit Himbeersauce übergießen und die Dekorblüte auflegen. Alles mit der Zuckerkuppel (siehe Seite 199) bedecken.

Marinierte weiße Pfirsiche
Die Pfirsiche in kochendem Wasser brühen, abziehen und halbieren. Pêcher Mignon und Läuterzucker im Verhältnis 2 zu 1 aufkochen, die Pfirsiche darin blanchieren und bis zum Gebrauch in der Mischung einlegen.

Aquarell von Früchten
Tagesdesserts

Aufbau

Dessertbuffet „Zum Wohl"

(für 50 Personen)

Ein Herrenbuffet, herb, aber nicht süffig, hergestellt für unseren Iserlohner Schützenverein Balkenkater.

Bestandteile

- Geeistes Süppchen von Pilsener Urquell mit Schaumwölkchen
- Mousse von dunklem Starkbier mit Pumpernickel und Rübenkraut
- Kristall-Sorbet von hellem Weizen
- Dunkles-Weizenbier-Creme-Sorbet
- Creme von Iserlohner Pilsener mit Schaumwolke im Originalglas

Blickfang

Als Dekoration dient ein Arrangement aus Gerstenstroh und Hopfendolden, das bei einem Gärtner gefertigt wurde. Diese Dekoration ist haltbar und kann immer wieder verwendet werden.

Ein spezielles Buffet für 50 Personen. Bier ist der Hauptbestandteil in jedem Rezept

Organisation

Grundidee

Es genügt nicht, immer nur Standardprodukte anzubieten. Kreativität ist gefragt. Der Erfolg lässt sich am Betriebsergebnis ablesen.

Das hier vorgestellte Dessertbuffet „Zum Wohl" wurde für unseren Iserlohner Schützenverein Balkenkater gefertigt. Für die Lieferung wurde es auf dem kühlbaren Gastronorm-System – WMF-combiNation – angerichtet.

Um Kristallsorbet auf einer Messe oder einem Event stilecht anbieten zu können, fertigte uns die Firma Franke aus Siegen eine Eisbar aus KEG-Behältern.

Kleine Eisbar.

Mengenkalkulation

Wie viel Gramm Dessert pro Person?
Nach einem deftigen Buffet oder entsprechender Speisenfolge werden 300 g verzehrbares Dessert kalkuliert:
50 x 300 g = 15 000 g = 15 kg

Welche Arten von Desserts?
Drei verschiedene Arten.

Welche Sorten von Desserts?
Speiseeis oder Parfait: 6000 g
Weizenbier-Creme-Sorbet: 3000 g
Kristall-Sorbet von hellem Weizen: 3000 g

Mousse oder Creme: 6000 g
Mousse von dunklem 1899: 3000 g
Creme von Iserlohner Pilsener: 3000 g

Suppe: 3000 g
Geeistes Süppchen von Iserlohner Pilsener

Gesamtmenge: 15 000 g = 15 kg

Diese Mengenkalkulation ist auch für die nachfolgenden Buffet-Varianten anzuwenden.

Das gefrorene Sorbet direkt in die vorgekühlte Eisschale der Eisbar füllen.

Produktionsablauf

Der zeitliche Produktionsablauf ist wie folgt zu gestalten: Mousse, Creme und das Süppchen müssen bis etwa 6 Stunden vor der Auslieferung oder dem Verzehr hergestellt sein und werden sofort in die kühlbaren Schalen und in die Suppenstation des WMF-combiNation-Systems gefüllt.

In der Kühlung haben diese Desserts ausreichend Zeit zu stocken, und es bleibt genügend Zeit, sie zu garnieren. Besser ist es, sie am Tag zuvor zu produzieren. Mit Folie abgedeckt, gewinnen sie in der Kühlung an Aroma und Wohlgeschmack. Die Sorbets werden möglichst kurz vor der Lieferung oder dem Verzehr gefroren.

Abgefüllt werden sie in die vorgekühlten Porzellankugeln aus dem WMF-combiNation-System. Gelagert werden die Sorbets in der Tiefkühlung. Vor dem Anrichten der Desserts wird Würfeleis oder Crushed Ice in die Eiswannen des WMF-combiNation-Systems gefüllt und die Elemente eingesetzt.

Bezugsliste

- Kühlbare Rechauds — *WMF*
- Porzellankugeln — *WMF*
- Teller — *WMF*
- Schüsseln — *Brauerei*
- Bierpokal und Pilsflöten — *WMF*
- Präsentationsplatten — *WMF*
- Kandelaber — *WMF*
- Tortenständer — *WMF*
- Schlagsahne, Bag-in-Box-System — *Friesland Madibic*

Zum Wohl — Organisation

Rezepturen

Geeistes Süppchen von Pilsener Urquell mit Schaumwölkchen

60 g	Eiklar, pasteurisiert
120 g	Zucker
1000 g	Pilsener Urquell
500 g	Milch
80 g	Eigelb
40 g	Vanillecremepulver

Eiklar mit 80 g des Zuckers steif schlagen und beiseite stellen.

Pilsener Urquell und den restlichen Zucker aufkochen. Milch, Eigelb und Vanillecremepulver kalt anrühren, in das kochende Bier einarbeiten und aufkochen. Das mit dem Zucker fest geschlagene Eiklar flott unterheben und nochmals aufkochen. Die Eiklarflocken nicht zerschlagen! Sie müssen wie Schaumwölkchen auf der Suppe schwimmen. Kalt stellen und gelegentlich umrühren. In einem gekühlten Suppenkessel anrichten. Mit Hopfenstaub leicht garnieren.

Tipp

Hopfensprossen erhält man im Reformhaus. Fein gehackt oder zerdrückt lassen sie sich als Garnitur verwenden.

Mousse von dunklem Starkbier mit Pumpernickel und Rübenkraut

300	g	Pumpernickel
1000	g	Starkbier, dunkel
750	g	Sahne
100	g	Zucker
1		Vanilleschote
750	g	Vollmilchschokolade, zerkleinert
6		Blatt Gelatine

Das Mark aus der Vanilleschote herausstreichen. Pumpernickel im Mixer bröseln, etwa 15 Minuten im Bier einweichen.

Sahne, Zucker und Vanilleschote aufkochen, von der Feuerstelle nehmen und die Vollmilchschokolade darin schmelzen lassen. Mit einem groben Schneebesen verrühren, so dass eine homogene Masse entsteht. Gelatine in eiskaltem Wasser einweichen, ausdrücken, der Masse zugeben und nochmals verrühren.

Bier und Pumpernickelbrösel dazugeben, gut vermischen und kalt stellen. Gelegentlich durchrühren. Ist die Masse fast gestockt, mit einem Mixer oder in der Anschlagmaschine aufschlagen und abfüllen. Nach dem endgültigen Erstarren mit „Schaumwölkchen" aus Schlagsahne, Pumpernickelecken und Rübenkraut garnieren.

Rezepturen

Dunkles-Weizenbier-Creme-Sorbet

530 g	Zucker
220 g	Trockenglucose
240 g	Magermilchpulver
10 g	Bindemittel (5-g-Basis)
600 g	Wasser
2000 g	Weizenbier, dunkel
150 g	Milch

Die trockenen Zutaten kurz anmischen, dann mit dem Wasser schnell verrühren. Dunkles Weizenbier und Milch zum Schluss unterarbeiten.
In der Eismaschine oder Sorbetiere bis etwa −11 °C ausfrieren und in einer Porzellankugel anrichten.

Creme von Iserlohner Pilsener

500 g	Milch
1	Vanilleschote
½ EL	Hopfensprossen
125 g	Eigelb, pasteurisiert
9	Blatt Gelatine
200 g	Zucker
5 g	Zitronensaft
750 g	Pilsener Bier, kalt
1000 g	Sahne, geschlagen, ungesüßt

Das Mark aus der Vanilleschote herausstreichen. Milch, Vanilleschote und Hopfensprossen aufkochen, 15 Minuten ziehen lassen, nochmals aufkochen und in das Eigelb einrühren.
Gelatine in eiskaltem Wasser einweichen, ausdrücken und in die Masse einarbeiten.
Etwa 5 Minuten bei Raumtemperatur ziehen lassen, dann durchsieben.
Zucker, Zitronensaft und das kalte Pilsener Bier einrühren und die Masse im Eisbad kalt schlagen.
Beginnt die Masse zu stocken, die Sahne unterheben und sofort in einen großen Bierpokal füllen.
Nach dem Erstarren mit einem Esslöffel „Schaumwolke" aus geschlagener Sahne aufsetzen und mit fein gemahlenen Hopfensprossen leicht bestäuben.

Tipp
Dieses Dessert ist mild-aromatisch. Durch Zugabe eines Tropfen Angostura wird es kräftiger.

Kristall-Sorbet von hellem Weizen

550	g	Zucker
200	g	Trockenglucose
220	g	Magermilchpulver
10	g	Bindemittel (5-g-Basis)
70	g	Wasser
2000	g	Weizenbier, hell
		Zitronensaft

Die trockenen Zutaten kurz anmischen, dann mit dem Wasser schnell verrühren. Das Bier zum Schluss einarbeiten und mit einem Schuss Zitronensaft abschmecken.
In der Eismaschine oder Sorbetiere bis etwa −11 °C ausfrieren und in einer Porzellankugel anrichten.

Zum Wohl — Rezepturen

Tagesdesserts

Geeistes Süppchen von Pilsener Urquell
Etwa zehn dünne Bananenscheiben in einen gekühlten Suppenteller legen. Das gekühlte Süppchen auffüllen und eine Kugel Vanilleeis hinzugeben. Mit Hopfensprossen garnieren.

Creme-Sorbet im Zuckernest
Creme-Sorbet auf einem dekorativen Spinnzuckernest (siehe Seite 197) portionieren. Mit frischer Babyananas garnieren.

Mousse von dunklem Starkbier mit Pumpernickel und Rübenkraut
Zwei Nocken Mousse auf einen Teller legen. Gebutterte Pumpernickelecken an eine Sahnehaube lehnen. Mit Rübenkraut und Hopfenstaub garnieren.

Tipp
Teelöffelstiel, in Rübenkraut eingetaucht, läuft als Faden herunter.

Creme von Iserlohner Pilsener mit Banane und Ahornsirup
Eine kleine, halbierte Banane in wenig Butter leicht anbraten. Mit Obstler beträufeln. Etwa 30 g Ahornsirup hinzugeben und kurz ziehen lassen. Die Banane muss fest bleiben.
Zwei Nocken Creme und die Banane mit dem Sirup auf einem Teller anrichten. Mit Hopfen sowie Zitrone garnieren.

Creme von Iserlohner Pilsener mit Schaumwölkchen

Die Creme in eine 0,1-l-Flöte füllen. Das Glas ist stilecht mit dem Logo der Privatbrauerei Iserlohn versehen. Nach dem Stocken eine Schaumwolke aus geschlagener Sahne aufsetzen und mit Hopfenstaub überpudern.

Kristall-Sorbet von hellem Weizen mit Birnenlikör

Ein Glas mit Sternfruchtscheiben auslegen. Eine große Kugel Kristall-Sorbet einfüllen und mit Birnenlikör beträufeln.
Zuckerspirale (siehe Seite 199) auflegen.

Creme-Sorbet im Weizenbad

Gekühltes Cocktailglas mit braunem Zuckerrand versehen. Dunkles Weizenbier einfüllen und eine Kugel Creme-Sorbet hineinlegen.
Mit blanchierter Limonenscheibe und Hopfen garnieren.

Blanchierte Limonenscheiben
1000 g Läuterzucker
(1 Teil Wasser und 1 $^1/_2$ Teile Zucker)
Limonenscheiben

Die Limonenscheiben zur Hälfte hin mit einem scharfen Messer schälen und die Fäden zu einer Schleife binden. In der noch kochenden Flüssigkeit blanchieren.

Zum Wohl
Tagesdeserts

Aufbau

Dessertbuffet „Winzerfest"

(für 50 Personen)

Trauben, Champagner, Wein und daraus Desserts, die Lust auf mehr machen.

Bestandteile
- Fliederbeersüppchen mit marinierten Trauben
- Glühweincreme mit Traubenragout und knusprigen Gewürzblättern
- Welfenspeise
- Champagnerparfait
- Burgundereis

Pünktlich zur Lese: Das Dessertbuffet für Genießer

Rezepturen

Marinierte Trauben
- 250 g dunkle Trauben
- 250 g helle Trauben
- 50 g Läuterzucker
- 50 g Weinbrand

Die Trauben halbieren und beiseite stellen. Läuterzucker und Weinbrand verrühren und darüber gießen. In der Kühlung etwa 24 Stunden ziehen lassen.
Vor dem Anrichten die Trauben mit der Marinade in das Süppchen geben und verrühren. In einer kühlbaren Schale anrichten.

Fliederbeersüppchen mit marinierten Trauben

Fliederbeersüppchen
- 20 g Vanillecremepulver
- 1000 g Fliederbeersaft (Holunder)
- 150 g Obstler oder Cassislikör
-     Zitronensaft
-     Zucker (bei Bedarf)

Das Vanillecremepulver mit etwas Fliederbeersaft anrühren. Die restlichen Zutaten aufkochen, Vanillecremepulver hineinrühren und nochmals aufkochen. Kühl stellen, gelegentlich durchrühren.

Glühweincreme mit Traubenragout und knusprigen Gewürzblättern

Glühweincreme

1000 g	Rotwein
100 g	Zucker
5	Gewürznelken
2	Zimtstangen
150 g	Eigelb, pasteurisiert
8	Blatt Gelatine
1000 g	Sahne, geschlagen, ungesüßt

Rotwein, Zucker, Gewürznelken sowie den Zimt aufkochen und in das Eigelb rühren. Die in eiskaltem Wasser eingeweichte Gelatine ausdrücken und dazugeben. Im Eisbad die Masse kalt rühren, Nelken und Zimtstange entfernen. Vor dem Erstarren die Sahne unterheben und abfüllen.

Traubenragout

750 g	rote Trauben
200 g	Zucker
250 g	Rotwein
5 g	Zimt, gemahlen

Die Trauben halbieren, entkernen und beiseite stellen. Den Zucker in einer Kasserolle schmelzen und mit dem erwärmten Rotwein ablöschen, den Zimt hinzugeben und reduzieren, bis eine leicht cremige Konsistenz erreicht ist. Die halbierten Trauben zufügen und mindestens 24 Stunden ziehen lassen.

Knusprige Gewürzblätter

200 g	Zucker
30 g	Glucosesirup
80 g	Wasser
100 g	Butter
10 g	Lebkuchengewürz
60 g	Schokolade, edelbitter, zerkleinert

Zucker, Glucosesirup und Wasser in einer Kasserolle zu einem Karamell kochen. Die Butter unterrühren und von der Feuerstelle nehmen. Das Lebkuchengewürz sowie die Schokolade zugeben und die Masse flott glatt rühren. Die noch warme Masse zwischen zwei Folienblättern dünn ausrollen und kühl stellen. Nach dem Erkalten in Stücke brechen.

Rezepturen

Welfenspeise

Creme

1	Vanilleschote
1000 g	Milch
80 g	Weizenstärke
100 g	Zucker

Das Mark aus der Vanilleschote herausstreichen. Etwas Milch mit der Weizenstärke verrühren. Die restlichen Zutaten zum Kochen bringen, die Weizenstärke hineinrühren und nochmals durchkochen. In eine Glasschüssel füllen und kalt stellen.

Weincreme

1000 g	Weißwein
200 g	Weinbrand
50 g	Zitronensaft
200 g	Zucker
400 g	Eigelb, pasteurisiert
10 g	Weizenstärke
1	Msp. Vanille, gemahlen
8	Blatt Gelatine

Alle Zutaten, außer der Gelantine, in einen Kessel geben, Kessel aufsetzen und im Wasserbad warm aufschlagen.
Bei 70 °C beginnt die Masse cremig zu werden. Ist bei 85 °C eine cremeartige Konsistenz erreicht, den Kessel vom Wasserbad herunternehmen. Die Struktur der Creme ist noch sehr grobporig.
2 bis 3 Minuten langsam weiterschlagen, bis die Sauce feinporig und noch cremiger geworden ist. Die in eiskaltem Wasser eingeweichte Gelatine ausdrücken und unterrühren. Auf die kalte Creme füllen und wieder kalt stellen.

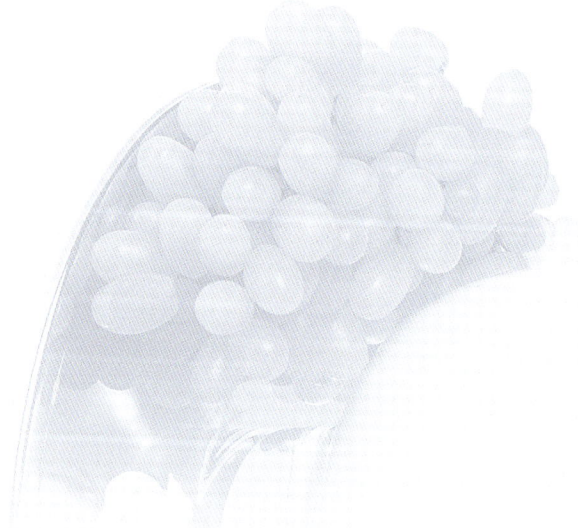

Champagnerparfait

160 g	Eigelb, pasteurisiert
250 g	Champagner
250 g	Zucker
1	Prise Salz
	Zitronenschale, abgerieben
20 g	Marc de Champagne (Konzentrat, 50 %)
500 g	Sahne, geschlagen, ungesüßt

Eigelb, Champagner, Zucker, Salz sowie Zitronenschale warm und kalt aufschlagen. Marc de Champagne und Sahne vorsichtig unterheben, in die vorgekühlten Formen dressieren und mit dünnem Biskuit abdecken. Danach einfrieren.
Nach dem Durchfrieren aus der Form lösen, garnieren und anrichten.

Burgundereis

250 g	Zucker
50 g	Trockenglucose
25 g	Magermilchpulver
6 g	Bindemittel (5-g-Basis)
700 g	Burgunderrotwein, kräftig
600 g	Wasser
275 g	Milch
50 g	Zitronensaft

Zucker, Trockenglucose, Magermilchpulver und Bindemittel trocken vermischen und mit einem Teil des Rotweins angleichen.
Die restlichen Zutaten unterrühren und zirka 10 Minuten quellen lassen. In der Eismaschine bis etwa −12 °C ausfrieren.
Mit einem Dressierbeutel (Sterntülle Nr. 15) in die vorgekühlte Porzellankugel füllen und einfrieren.

Winzerfest
Rezepturen

Tagesdesserts

Champagnerparfait auf Geleespiegel

Etwas Champagnergelee auf einen vorgekühlten Teller gießen, 3 kleinere blanchierte Weinblätter einlegen, nochmals mit Champagnergelee begießen und anziehen lassen. Das Parfait stürzen, anrichten, mit Sauce, geschnittenen Geleewürfeln, Trauben und Zuckerdekor fertig stellen.

Champagnergelee

500 g	Champagner
4	Blatt Gelatine
	Zitronensaft, gefiltert

Etwa 100 g Champagner erwärmen, die in eiskaltem Wasser eingeweichte Gelatine ausdrücken und darin auflösen. Den restlichen Champagner sowie den Zitronensaft hinzugießen.

Weißweinsorbet

75 g	Zitronensaft
250 g	Zucker
100 g	Trockenglucose
1250 g	Riesling
8 g	Bindemittel (5-g-Basis)
1000 g	Wasser

Die trockenen Zutaten mischen, mit der Hälfte des Weins und den restlichen flüssigen Bestandteilen nach und nach verrühren.

Die angerührte Masse in die Eismaschine geben und den Gefriervorgang starten. Sobald das Sorbet gefroren ist, den restlichen Wein zugießen, etwa 1 Minute gefrieren und entnehmen.

Tipp

Alkohol in einem Speiseeis oder Sorbet beeinflusst die Kälteeinwirkung negativ. Da der Alkohol das Wasser am Gefrieren hindert, sollte dieser nicht sofort komplett in den Eismix eingearbeitet, sondern erst kurz vor der Entnahme aus dem Freezer oder der Sorbetiere zugesetzt werden.

Fliederbeersüppchen mit marinierten Trauben und Weißweinsorbet

Das Fliederbeersüppchen in einen tiefen Teller gießen und eine große Nocke Weißweinsorbet hinzugeben.

Glühweincreme mit Traubenragout und knusprigen Gewürzblättern

Zwei Nocken Glühweincreme mit den Gewürzblättern (siehe Seite 123) arrangieren. Das Traubenragout leicht erwärmen und dazugeben.

Welfenspeise

Die Creme heiß in ein Glas füllen. Nach dem Erstarren die Weincreme darauf geben. Nach dem Erkalten garnieren.

Winzerfest — Tagesdesserts

Aufbau

Dessertbuffet „Apfeltraum"

(für 50 Personen)

Frisch und fruchtig – der Apfel als Dessertstar.

Bestandteile
- Apfelsüppchen mit Grießwürfeln
- Apfel im Schlafrock mit Vanillesauce
- Geeistes Apfel-Zimtmousse
- Apfel-Joghurt-Gelee mit Cassissauce
- Eisbombe „Baron Gilbert"

Apfeltraum — Aufbau

Ein Dessertbuffet mit Äpfeln hat immer Saison

Rezepturen

Apfelsüppchen mit Grießwürfeln

Apfelsüppchen
- 20 g Vanillecremepulver
- 1000 g Apfelsaft
- 150 g Calvados
- Zitronensaft
- Zucker (wenn nötig)

Vanillecremepulver mit etwas Apfelsaft anrühren. Die restlichen Zutaten aufkochen, Vanillecremepulver hineinrühren und nochmals aufkochen. Kühl stellen, gelegentlich durchrühren.

Grießwürfel
- 1000 g Vollmilch
- 100 g Zucker
- 150 g Weizengrieß
- Zitronenschale, abgerieben

Alle Zutaten in einen Topf geben und einmal durchkochen lassen. In ein flaches, eckiges Gefäß füllen und abgedeckt kühl stellen.
Bei Bedarf in Würfel schneiden.
Dieses Dessertsüppchen lässt sich gekühlt, aber auch heiß servieren.

Apfel im Schlafrock mit Vanillesauce

20	kleine Äpfel (Boskop, Elstar)
100 g	Marzipanrohmasse
100 g	Rosinen
30 g	Rum
1000 g	Blätterteig (siehe Seite 191)
20	Biskuitböden, 5 cm Durchmesser
1	Ei
25 g	Sahne
1000 g	Vanillesauce (siehe Seite 53)

Die Äpfel waschen und das Kerngehäuse ausstechen. Die Marzipanrohmasse mit den Rosinen und dem Rum verkneten und in die Öffnungen der Äpfel drücken.

Den Blätterteig auf 80 x 65 cm ausrollen, etwa 3 Minuten entspannen lassen und mit einem Lineal und einem Rädchen 15 x 15 cm große Quadrate schneiden.

Äpfel und Biskuitböden auflegen. Ei und Sahne verquirlen, mit einem Pinsel die Teigränder bestreichen, den Teig falten und fest andrücken. Die Schlafröcke drehen, mit Wasser bepinseln und in Zimt-Zucker wälzen. Auf ein Backblech setzen und abbacken.

Temperatur: 180 bis 190 °C
Backzeit: 40 bis 50 Minuten

Apfel im Schlafrock mit Vanillesauce anbieten.

Apfeltraum
Rezepturen

Rezepturen

Apfel-Joghurt-Gelee mit Cassissauce

Apfelgelee

1000 g	Apfelsaft
8	Blatt Gelatine
250 g	Calvados
150 g	Zucker
2	rote Äpfel

Joghurtgelee

500 g	Sahnejoghurt
125 g	Calvados
75 g	Zucker
4	Blatt Gelatine

Cassissauce

1000 g	Cassispüree
300 g	Zucker
60 g	Trockenglucose
	Zitronensaft

Herstellung Apfel-Joghurt-Gelee

Etwa 250 g Apfelsaft auf 50 °C erwärmen. Die in eiskaltem Wasser eingeweichte Gelatine darin auflösen. Restlichen Apfelsaft, Calvados und Zucker dazugeben und verrühren. Ungeschälte Äpfel fein würfeln und beifügen. Ist der Zucker gelöst, die bereitstehenden Tiegel oder Formen bis zur Hälfte füllen und kalt stellen. Hat das Gelee angezogen, Joghurt, Calvados und Zucker mit einem Schneebesen verrühren. Die in eiskaltem Wasser eingeweichte Gelatine auflösen und flott unterrühren. Die Gefäße füllen, dünne, ausgestochene Biskuitkapsel (siehe Royale-Biskuitkapsel, Seite 190) auflegen und abermals kalt stellen. Die Formen benötigen etwa 24 Stunden, um schnittfest zu werden.

Herstellung Cassissauce

Für die Sauce alle Zutaten gut verrühren und mit Zitronensaft abschmecken.

Die Formen stürzen, garnieren und die Sauce separat servieren.

Apfeltraum
Rezepturen

Rezepturen

Geeistes Apfel-Zimtmousse

120 g	Eiklar, pasteurisiert
100 g	Wasser
100 g	Cidre
250 g	Zucker
3	Blatt Gelatine
300 g	Apfelragout
1	Prise Zimt
650 g	Sahne, geschlagen, ungesüßt

Das Eiklar in der Rührmaschine leicht anschlagen. Wasser, Cidre und Zucker auf exakt 110 °C kochen und dem Eiklar in langsamem Strahl zugeben. Die gesamte Masse kalt schlagen.
Die aufgelöste Gelatine, das Apfelragout, die Prise Zimt und die Sahne unterheben.

Einen Formring auf eine Folie oder Backpapier setzen, mit blanchierten Apfelscheiben auslegen. Die Masse einfüllen und mit einem Biskuitboden abdecken. (Bei dieser Variante wird die Eistorte auf dem Kopf stehend eingefüllt.) Danach tiefgefrieren. Nach dem Durchfrieren die Torte stürzen, den Ring mit einer Flamme oder Heißluftföhn lösen und abziehen. Mit Kaltgelee abglänzen und garnieren.

Eisbombe „Baron Gilbert"

100 g	Vollei, pasteurisiert
60 g	Eigelb, pasteurisiert
100 g	Zucker
	Salz
30 g	Calvados
500 g	Sahne, geschlagen, ungesüßt
	Dekorbiskuit (siehe Seite 188)
	Schokobiskuit (siehe Seite 190)
	Calvadosäpfelchen

Vollei, Eigelb, Zucker sowie Salz warm und kalt aufschlagen.
Calvados und Sahne vorsichtig unterheben.
Eine vorgekühlte, mit Dekorbiskuit ausgekleidete Eisbombenform füllen, mit einem dünnen Schokobiskuitboden abdecken und einfrieren.
Nach dem Durchfrieren mit Calvadosäpfelchen sowie Sahne garnieren und anrichten.

Apfeltraum
Rezepturen

Tagesdesserts

Geeistes Apfelsüppchen
Das Süppchen in einen gut gekühlten Teller füllen. Grießwürfel, Apfelspalten und eine Kugel Vanilleeis als Einlage dazugeben.

Apfel im Schlafrock mit Vanillesauce
Den Apfel im Schlafrock in der Mikrowelle leicht anwärmen. Mit Vanillesauce anrichten und mit Früchten garnieren.

Apfel-Joghurt-Gelee mit Cassissauce
Cassissauce als Spiegel auf einen Teller geben. Kleine Tupfen Vanillesauce aufbringen und mit einem Stab das Muster zeichnen. Das Geleeformstück aufsetzen, mit Sahnehäubchen und kandierten Cocktailäpfeln garnieren.

Geeistes Apfel-Zimtmousse mit warmer Apfel-Wein-Sauce

Aus der Eistorte Segment herausschneiden und auf dem Teller platzieren. Warme Apfel-Wein-Sauce angießen, mit Sahnehaube und Apfelspalten garnieren.

Apfelragout

220 g	Granny-Smith-Äpfel
40 g	Butter
10 g	Zitronensaft
1	Prise Zimt

Warme Apfel-Wein-Sauce

250 g	Apfelragout
100 g	Zucker
100 g	Weißwein
30 g	Weizenstärke

Granny-Smith-Äpfel gut waschen, Kerngehäuse ausstechen und würfeln. Etwas Butter in der Pfanne bräunen, die Apfelwürfel zugeben, anschwenken und mit Zitronensaft sowie Zimt abschmecken.

Apfelragout, Zucker und Weißwein aufkochen, die Weizenstärke mit etwas Wasser anrühren, die Sauce damit binden.

Eisbombe „Baron Gilbert"

Einen Spiegel von Royal-Sauce auf einen gekühlten Teller gießen. Ein Achtel der Eisbombe auf dem Spiegel platzieren und garnieren.

Royal-Sauce

800 g	Erdbeermark
200 g	Himbeermark
250 g	Zucker
	Zitronensaft

Alles zusammen pürieren und mit Zitronensaft abschmecken.

Apfeltraum
Tagesdesserts

Aufbau

Dessertbuffet „Kaffeekränzchen"

(für 30 Personen)

Klein und fein, in einer kühlbaren Vitrine angerichtet.

Bestandteile
- Arrangement von Tarteletts mit exotischen und heimischen Früchten
- Savarins mit Füllung
- Walnuss-Marzipan-Säckchen
- Charlotte au Café
- Teegebäck

Blickfang

Bei dieser Buffetgröße sollte darauf geachtet werden, dass der Blickfang nicht zu dominant ist und das Buffet nicht überlagert wirkt.
Beispiel: Eine dezente Blumengirlande.

Ein kleines Buffet für 30 Personen, nicht nur für Kaffeekränzchen

Kaffeekränzchen — Aufbau

Organisation

Grundidee

Beim Dessertbuffet „Kaffeekränzchen" werden die Desserts in einer kühlbaren Vitrine aufgebaut. Dieses Buffet ist für kleinere Gruppen gedacht und wird von keinem vorhergehenden Menü begleitet. Ob ein Geburtstag oder lediglich ein regelmäßiges Treffen als Anlass dient, ist für unser Beispiel unerheblich.

Berücksichtigt werden sollte allerdings der saisonale Aspekt. Frische Gartenfrüchte oder Exoten werden gerne zur gegebenen Jahreszeit angeboten, also eher in den Sommermonaten. Hier kann auch Frischobst mit Joghurt, Quark und leichtem Mousse offeriert werden.

In der kühleren Jahreszeit finden sich gehaltvollere Desserts mit Nüssen, Mandeln und Gewürzen auf dem Buffet wieder. Bei einem Kaffeekränzchen sollten keine Schüsseln oder andere Gefäße verwendet werden, sondern lediglich kleine Desserts, die auf Tellern oder Platten angerichtet werden und reichlich vorhanden sein müssen. Viel versprechend sind kleine Fours auf einfache Art, die fast wie Fingerfood gereicht werden.

Highlights sind in dieser Form nicht zwingend notwendig, sondern lediglich eine große Vielfalt und ein schönes Arrangement, das mit einem Blumendekor stilvoll abgerundet wird. Es spricht natürlich nichts dagegen, eine bereits vorhandene Schokoladen- oder Roheisskulptur zu präsentieren.

Speiseeis, Sorbet oder Parfait eignen sich nicht für ein solches Buffet an Desserts, da eine gemütliche Kaffeerunde zu lange dauert.

Mengenkalkulation

Beim Dessertbuffet „Kaffeekränzchen" werden die Dessertsstücke auf Platten aufgebaut.

Ein Minimum von fünf Desserts ist die Voraussetzung, dass auch alle Kunden reichlich zugreifen können. Hierbei ist nicht die Größe des einzelnen Desserts, sondern ausschließlich die Stückzahl mit dem entsprechenden Gewicht zu beachten.

Wie viel Gramm Desserts pro Person?
30 x 5 Stück = 150 Einzeldesserts
350 g Dessert pro Person = etwa 70 g pro Dessert
30 g Gebäck pro Person = 900 g Gebäck

Welche Arten von Desserts?
Fünf verschiedene Arten.

Welche Sorten von Desserts?
Frischfrucht-Tartelett s: 60 Stück
Exotische Tarteletts mit Crème Patissière: 30 Stück
Burgunder-Apfel-Tarteletts
mit Crème Inglese: 30 Stück

Hefegebäck: 30 Stück
Savarins mit Füllung

Brickteiggebäck: 30 Stück
Walnuss-Mandel-Säckchen

Creme: 30 Stück
Charlotte au Café

Gebäck: 900 g
Teegebäckmischung

Zeitlicher Produktionsablauf

Sämtliche gebackenen Produkte wie Mürbeteigtarteletts, Savarins, Brickteig, Biskuiteinlage für die Charlotte und die Brickteigsäckchen sowie die Teegebäckmischung können vorgebacken werden. Bis auf die Tarteletts, die trocken im verschlossenen Behältnis gelagert werden, lassen sich die anderen Produkte im Kühlraum bzw. in der Tiefkühlung lagern.

Die Cremes werden am Tag zuvor hergestellt und gekühlt.

Diese Kaffeetafel ist in kurzer Zeit verzehrfertig angerichtet.

Begonnen wird mit der Fertigstellung der Frischfruchttarteletts. Diese haben dadurch ausreichend Zeit, nach dem Abglänzen in der Kühlung anzuziehen. Die Savarins werden in Rumläuterzucker getränkt, gefüllt und anschließend abgeglänzt. Die Aufbewahrung erfolgt bei Zimmertemperatur, so behalten sie ihre lockere, saftige Konsistenz.

Die Brickteigsäckchen werden fertig gestellt und in heißem Fett gebacken. Aufbewahrt werden auch diese bei Zimmertemperatur, da der dünne Teig ansonsten sehr schnell Feuchtigkeit anzieht und seine knusprige Konsistenz verliert.

Die Charlotten werden gestürzt und sofort fertig angerichtet.

Nun werden die anderen Desserts und die Teegebäckmischung angerichtet und garniert.

Bezugsliste

- Kühltheke — *Elge-gel-o-mat*
- Präsentationsplatten — *WMF*
- Teller — *WMF*
- Teegebäckständer — *WMF*
- Silikonformen — *Weiss Decor*
- Schlagsahne, Bag-in-Box-System — *Friesland Madibic*

Rezepturen

Tarteletts mit exotischen und heimischen Früchten

Mürbeteig

375 g	Butter
250 g	Zucker
1	Prise Salz
	Zitronenschale, abgerieben
1	Ei
500 g	Mehl

Butter, Zucker, die Prise Salz und Zitronenschale glatt arbeiten. Das Ei langsam unterarbeiten und mit dem Mehl verkneten. Etwa 2 Stunden in der Kühlung ruhen lassen. Auf etwa 3,5 mm Dicke ausrollen, die Tartelettformen auslegen und goldgelb backen.
Temperatur: etwa 200 °C
Backzeit: etwa 12 Minuten

Crème Patissière

1000 g	Milch
220 g	Zucker
50 g	Butter
1	Prise Salz
80 g	Eigelb, pasteurisiert
100 g	Vanillecremepulver

Die Milch mit Zucker, Butter und der Prise Salz aufkochen. Das Eigelb mit dem Vanillecremepulver und etwas Wasser anrühren.
Mit einem Schneebesen in die kochende Flüssigkeit unterarbeiten und etwa 2 Minuten unter ständigem Rühren durchkochen.
Die fertige Creme mit Zucker bestreuen (beugt der Hautbildung vor) und kühl stellen.

Tipp
Mit Vanillecremepulver und Weizen-, Mais- oder Reisstärke gebundene Creme grundsätzlich gut durchkochen. Die Stärke muss „verkleistern" können (das heißt, sie muss aufschließen).

Crème Inglese (Englische Creme)
Herstellung und Rezeptur wie Crème Patissière.
Bei der englischen Creme die Hälfte der Milch durch Sahne ersetzen sowie 100 g Calvados mitkochen.

Die Tarteletts mit flüssiger Schokolade dünn bestreichen und rund ausgestochene Biskuitkapseln (siehe Seite 190) auflegen.
Cremetupfen mit einem Spritzbeutel (Lochtüllen Nr. 8 bis 10) aufdressieren.
Mit exotischem Frischobst bzw. den Apfelstückchen belegen und abglänzen.

Savarins mit Füllung

Vorteig Savarin
- 50 g Milch
- 15 g Zucker
- 10 g Hefe
- 80 g Mehl

Milch handwarm erwärmen, Zucker und Hefe darin auflösen. Das Mehl unterarbeiten und zu einem Vorteig verarbeiten. An einem warmen Ort gehen lassen.

Teig Savarin
- 80 g Butter
- 70 g Mehl
- 80 g Vollei
- 80 g Milch
- 3 g   Salz
-       Vanille/Zitrone

Die Butter auflösen und mit den übrigen Zutaten glatt verarbeiten. Vorteig zugeben, verkneten und wiederum gehen lassen. Mit einem Dressierbeutel (Lochtülle Nr. 12) in gefettete und gemehlte Savarinförmchen eindressieren. Den Teig nochmals angehen lassen, bis etwa das doppelte Volumen erreicht ist. Goldgelb abbacken.
Temperatur: 180 °C
Backzeit: etwa 15 Minuten

Sirup zum Tränken
- 200 g Wasser
- 200 g Zucker
- 100 g Rum
-        Saft von 1 Orange und 1 Zitrone

Alle Zutaten aufkochen und die Savarins reichlich darin tränken. Mit dem Schaumlöffel aus dem Sirup nehmen und auf einem Gitter abtropfen lassen.

Mousselinecreme
- 120 g Eigelb, pasteurisiert
- 400 g Puderzucker
-        abgeriebene Orangenschale
- 4   Blatt Gelatine
- 500 g Sahne, geschlagen, ungesüßt

Das Eigelb mit dem Zucker und der abgeriebenen Orangenschale warm (45 bis 50 °C) und dann langsam kalt schlagen.
Die Gelatine auflösen und unterrühren. Die Sahne vorsichtig unterheben. Die Creme mit einem Dressierbeutel (Sterntülle Nr. 12) auf die Savarins dressieren. Mit frischem Obst garnieren und abglänzen.

Rezepturen

Walnuss-Marzipan-Säckchen

500 g Brickteig (siehe Seite 191)
Biskuitkapsel (siehe Seite 190)

Walnuss-Marzipan-Füllung
- 130 g Marzipanrohmasse
- 100 g Walnusskerne, gehackt, geröstet
- 50 g Eiklar
- 20 g Rum
- 1 Prise Salz
- Zimt

Für die Walnuss-Marzipan-Füllung alle Zutaten miteinander verkneten.

Den Brickteig hauchdünn ausrollen und rund ausstechen (Ausstecher Ø 12 cm). Mit Wasser bestreichen und mit runder Biskuitkapsel belegen (Ø 4 cm). Die Füllung aufdressieren (Lochtüllen Nr. 8 bis 10) und zu Säckchen formen. Sorgfältig die Enden zusammendrücken, so dass die Füllung nicht auslaufen kann.
In 180 °C heißem Hartfett goldbraun backen.
Auf einem Gitter abtropfen lassen und nach dem Erkalten anrichten.

Charlotte au Café

Biskuitkapsel (siehe Seite 190)
Johannisbeergelee

Eine Biskuitkapsel dünn mit Johannisbeergelee bestreichen, stramm aufrollen und einfrieren.

Silikonformen mit dünnen Scheiben des Royale-Biskuits auslegen, Kaffee-Rum-Füllung einfüllen, glatt streichen und kühlen. Nach dem kompletten Erstarren stürzen und anrichten.

Kaffee-Rum-Füllung

100 g	Eigelb, pasteurisiert
200 g	Zucker
20 g	Kaffeepulver, instant
50 g	Rum
8	Blatt Gelatine
1000 g	Sahne, geschlagen, ungesüßt

Eigelb und Zucker erst warm, dann kalt schlagen.
Kaffeepulver in Rum auflösen und zugeben.
Die aufgelöste Gelatine einarbeiten und die Sahne vorsichtig unterheben.

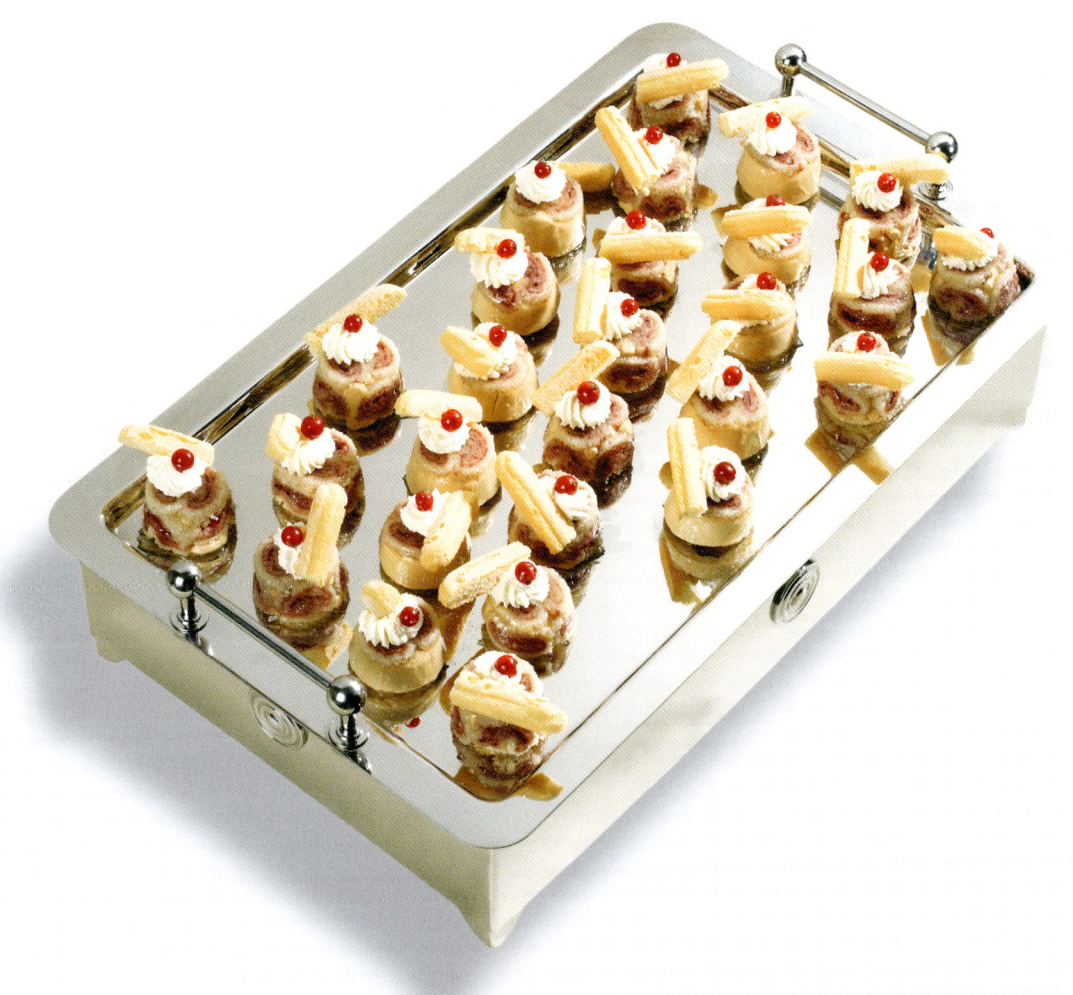

Rezepturen

Schwarz-Weiß-Gebäck

600 g	Butter
250 g	Staubzucker
1	Prise Salz
	Zitronenschale, abgerieben
1	Ei
1000 g	Mehl
	Kakaopulver, gesiebt

Butter, Staubzucker, die Prise Salz und Zitronenschale miteinander verkneten. Das Ei unterarbeiten. Gesiebtes Mehl hineinrühren und den Teig halbieren. Eine Hälfte mit dem Kakaopulver (22 bis 24 % Fett) anwirken. Beide Teige gut durchkühlen.
Anschließend ausrollen, ausschneiden, die Innenseiten mit Wasser bestreichen und in verschiedenen Mustern zusammensetzen. Wiederum gut durchkühlen, die Außenseite mit Wasser bestreichen und in Kristallzucker rollen.
In etwa 5 mm starke Scheiben schneiden und abbacken.
Backzeit: etwa 12 Minuten
Temperatur: 190 °C

Heidesand

700 g	Butter
240 g	Staubzucker
	Vanille, gemahlen
1	Prise Salz
1000 g	Mehl

Butter, Staubzucker, Vanille und die Prise Salz verkneten.
Das gesiebte Mehl unterarbeiten.
Etwa 3 cm starke Rollen formen, mit Wasser bestreichen, in Zucker rollen und gut durchkühlen.
In etwa 5 mm starke Scheiben schneiden und abbacken.
Backzeit: etwa 12 Minuten
Temperatur: 190 °C

Haselnussgebäck

200 g	Butter
500 g	Zucker
1	Prise Salz
	Zimt, gemahlen
360 g	Eiklar, pasteurisiert
500 g	Haselnussgrieß, fein gemahlen und geröstet
200 g	Mehl
	geschälte Haselnüsse

Butter, Zucker, Salz und Zimt glatt rühren (nicht schaumig).
Eiklar nach und nach zugeben, bis eine homogene Masse entsteht.
Haselnussgrieß und Mehl unterarbeiten.
Mit einem Dressierbeutel (Lochtülle Nr. 5) auf Bleche mit Backpapier aufdressieren.
Jeweils drei geschälte Haselnüsse in Eiklar gerollt auflegen und abbacken.
Backzeit: etwa 10 Minuten
Temperatur: 210 °C

Tipp
Diese Teegebäckmischung eignet sich sehr gut als Ergänzung für viele Buffets.

Kaffeekränzchen

Rezepturen – Teegebäck

Tagesdesserts

Tartelett von exotischen Früchten
Fruchttartelett auf dem Teller platzieren und mit geschnitztem Fruchtdekor versehen.

Savarin mit Rotweinschaum
Das garnierte Savarin in einen Spiegel von Rotweinschaum setzen.

Brickteigsäckchen an Mandelnugat
Aufgeschlagenen Mandelnugat halbkreisförmig auf den Teller dressieren (Lochtülle Nr. 10), mit Schokoladenfäden überspinnen, warme Brickteigsäckchen anlegen und garnieren.

Charlotte au Café mit Mascarponeschaum
Charlotte halbieren und öffnen. Auf dem vorgekühlten Teller anrichten, mit Löffelbiskuit und Mascarponeschaum garnieren.

Charlotte au Café mit Mascarponeschaum

Löffelbiskuits

90 g	Eiklar
15 g	Kartoffelstärke
45 g	Zucker
60 g	Eigelb
30 g	Zucker
1	Prise Salz
	Vanille, gemahlen
	Zitronenschale, abgerieben
60 g	Mehl

Eiklar mit Kartoffelstärke und Zucker steif schlagen. Eigelb mit Zucker, der Prise Salz, Vanille und Zitronenschale aufschlagen.
Die schwere Eigelbmasse auf die leichte Eischneemasse geben und das gesiebte Mehl unterarbeiten. Mit einem Dressierbeutel (Lochtülle Nr. 4 oder 5) auf kleine Backpapierstreifen aufspritzen, die Oberseite vorsichtig in Zucker drücken. Anschließend backen.
Temperatur: 190 °C
Backzeit: etwa 10 Minuten

Mascarponeschaum

500 g	Mascarpone
150 g	Zucker
150 g	Espresso, kalt
250 g	Sahne, geschlagen, ungesüßt

Mascarpone, Zucker sowie Espresso miteinander verrühren, dann die Sahne unterheben.

Kaffeekränzchen
Tagesdesserts

Aufbau

Dessertbuffet „Das schnelle Buffet"

(für 50 Personen)

Schnell, aber nicht einfallslos. Hergestellt unter Zuhilfenahme von qualitativ hochwertigen Convenience-Produkten.

Bestandteile

- Pink-Grapefruittropfen
- Bottermelk-Pyramide
- Blitzmousse
- Eierpunsch-Rouletts
- Knusperflorentiner

Blickfang

Beim schnellen Buffet sollte auf eine bereits vorhandene Dekoration zurückgegriffen werden, wie z. B. eine Blumengirlande, ein Getreidestrauß oder ein vorproduziertes Schaustück.

Es bietet sich an, den jahreszeitlichen Bezug zu berücksichtigen.

Das schnelle Buffet
Aufbau

Ein Dessertbuffet für 50 Personen – in nur 2 Stunden herzustellen!

Organisation

Grundidee

Wenn einmal ein Engpass an Personal vorhanden ist oder eine sehr kurzfristige Bestellung eingeht, muss darauf reagiert werden können.

Fast alle in den vorherigen Kapiteln beschriebenen Desserts können heute als Halbfertig- oder Convenience-Produkt bei der Industrie bezogen werden. Die Qualitäten sind allerdings sehr unterschiedlich und in gewissem Maße vom Preis abhängig. Gespart werden sollte allerdings nicht am Erzeugnis. Jedes Produkt kann durch eigenes Fachwissen weiter verfeinert werden. Die bereits ausgearbeiteten, vielseitigen Rezepturen und Kalkulationen der anbietenden Firmen sollten für die Fertigung lediglich als Anhaltspunkte für den Mengeneinsatz und erzeugnisspezifische Verarbeitungs- und Ruhezeiten dienen. Durch die einfache Handhabung ermöglicht das Convenience-Produkt eine große Vielfalt innerhalb sehr kurzer Herstellungszeit. Da die Lohn- und Lohnnebenkosten eine große Rolle bei der Kalkulation spielen, ist ein Absenken dieser natürlich wünschenswert. Durch den zielgerichteten Einsatz von Halbfertig-Produkten kann das Sortiment erweitert werden und somit die Fachkompetenz durch Vielfältigkeit erreicht werden.

Ziel dieses Buffets ist es, eine möglichst schnelle und rationelle Herstellung zu garantieren. Es ist möglich, dieses oder ähnliche Buffets sowie auch die Tagesdesserts spätestens nach 2 Stunden verzehrfertig anzurichten. Aus diesem Grunde haben wir erstklassige Convenience-Produkte bei der Herstellung berücksichtigt.

Mengenkalkulation

Wie viel Gramm Dessert pro Person?
50 Personen à 350 g Dessert = 17 500 g

Welche Arten von Desserts?
Vier verschiedene Desserts und Gebäck.

Welche Sorten von Desserts?
Sahnecreme: 7000 g
Pink-Grapefruittropfen: 50 Stück à 70 g = 3500 g
Buttermilchdessert: 50 Stück à 70 g = 3500 g

Mousse: 3500 g
Helle und dunkle Schokoladenmousse

Bayerische Creme: 3500 g

Eierpunsch-Rouletts: 50 Stück à 70 g = 3500 g

Gebäck: 3500 g
Knusperflorentiner: 50 Stück à 70 g

Gesamtmenge: 17 500 g = 17,5 kg

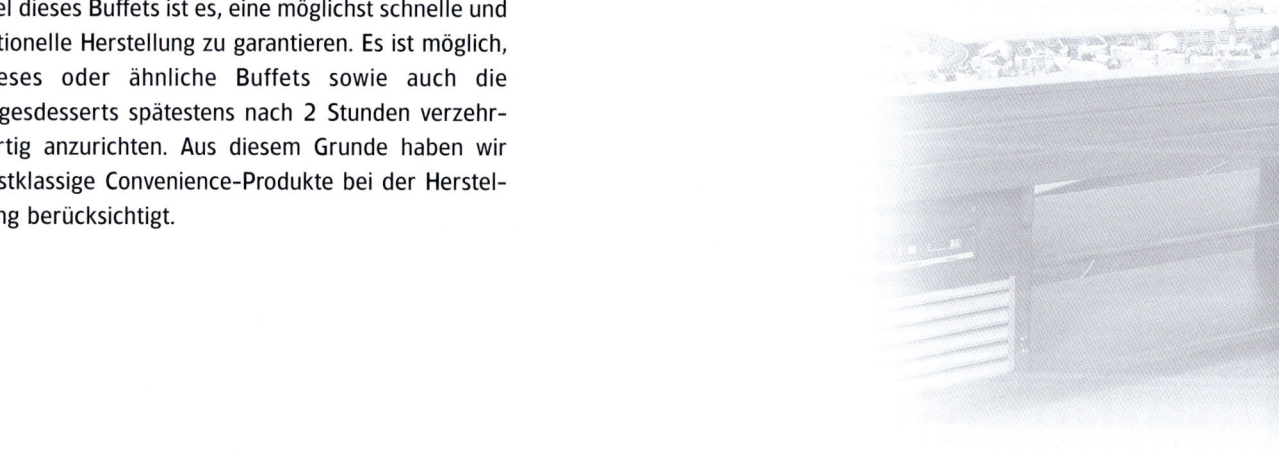

Zeitlicher Produktionsablauf

Die Biskuitböden, Dekorkapseln sowie die Florentiner werden in einer betriebsarmen Zeit vorproduziert. So sind diese Produkte jederzeit verfügbar und ermöglichen eine hohe Flexibilität.

Begonnen wird mit dem Einsetzen der Sahnecremes, so haben diese ausreichend Zeit anzuziehen. Hiernach werden das Eierpunschdessert sowie die Mousse aufgeschlagen und abgefüllt. Danach werden die Knusperflorentiner gefüllt, garniert und sofort angerichtet.

In der Zwischenzeit (etwa 30 Minuten) sind die Sahnecremes und die Mousse so weit angezogen, dass sie garniert werden können. Auch diese werden sofort angerichtet.

Bezugsliste

- Gekühlte Theke — *Elge-gel-o-mat*
- Tropfenformen — *Weiss Decor*
- Schüsseln — *WMF*
- Dekorfolien — *Weiss Decor*
- Schokoladendekore — *Bombasei*
- Aufstreichschablone — *Weiss Decor*
- Tortenständer — *WMF*
- Rührmaschine — *Pefra*
- Fruchtpüree — *Boiron*
- Fixfertig Pink-Grapefruit-Sahne — *Kessko*
- Torte Royale — *Kessko*
- Fixfertig Bottermelk-Sahne — *Kessko*
- Fond Exquis — *Kessko*
- Bayerische Creme — *Kessko*
- Präsentationsplatten — *WMF*
- Florentiner Mix — *Kessko*
- Vollmilchkaltcreme — *Kessko*
- Mousselinemasse — *Kessko*
- Eisgläser — *Eisforum*
- Schlagsahne, Bag-in-Box-System — *Friesland Madibic*

Das schnelle Buffet
Organisation

Rezepturen

Pink-Grapefruittropfen

	Schokoladenkapsel (siehe Seite 190)
	Dekorkapsel (siehe Seite 188)
400 g	Fixfertig Pink-Grapefruit-Sahne (Kessko)
500 g	Wasser
2000 g	Sahne, geschlagen, ungesüßt

Schokoladenbiskuitkapsel in Tropfenform ausstechen und in die Form einlegen. Den Rand mit der Dekorkapsel auskleiden.

Die Pink-Grapefruit-Mischung in etwa 20 °C warmes Wasser einrühren und die Sahne unterheben.

Mit einem Dressierbeutel (Lochtüllen Nr. 12 bis 15) eindressieren, glatt streichen und kühl stellen.

Nach etwa 30 Minuten, wenn die Masse angezogen hat, Fruchtspiegel auftragen, die Form entfernen, garnieren und anrichten.

Bottermelk-Pyramide

	Dekorkapsel (siehe Seite 188)
500 g	Fixfertig Bottermelk-Sahne (Kessko)
1200 g	Wasser
1000 g	Sahne, geschlagen, ungesüßt
200 g	Fruchtpüree

Helle Dekorkapsel ausstechen und in die Pyramidenform einlegen. Den Rand mit der Dekorkapsel auskleiden.

Dekorkapsel mit Backschablone

230 g	Torte Royale (Biskuitmasse von Kessko)
300 g	Vollei
50 g	Milch
50 g	Mehl

Die Zutaten im All-in-Verfahren etwa 4 Minuten verrühren (nicht aufschlagen).
Auf eine Backschablone dünn aufstreichen und backen.
Temperatur: 220 °C
Backzeit: 8 bis 10 Minuten

Die Bottermelk-Mischung in etwa 20 °C warmes Wasser einrühren und die Sahne unterheben.
Mit einem Dressierbeutel (Lochtüllen Nr. 12 bis 15) die Formen füllen. Die restliche Masse mit Fruchtpüree abschmecken, randvoll eindressieren und mit einer Gabel marmorieren. Glatt streichen und kühl stellen.

Das schnelle Buffet — Rezepturen

Rezepturen

Eierpunsch-Rouletts

300 g	Bayerische Creme (Kessko, Fond Exquis)
900 g	Vollmilch
1200 g	Sahne, geschlagen, ungesüßt
70 g	Eierpunsch-Aromapaste
	Dekorbiskuit und Biskuitkapsel

Das Bayerische-Creme-Pulver in die flüssige Milch einrühren und 3 bis 5 Minuten aufschlagen.
Die Sahne unterheben und mit Eierpunsch-Aromapaste abschmecken.

Form mit einer Biskuitkapsel auslegen und die Creme bis etwa 2 cm unterhalb des Rands einfüllen. Biskuitboden als Abschluss auflegen und kühl stellen. Nach etwa 30 Minuten, wenn die Masse schnittfähig ist, stürzen, aufschneiden und anrichten.

Blitzmousse

Helles Schokoladenmousse

600 g	Mousse au Chocolat Blanc (Kessko, Fond Exquis)
2000 g	Sahne

Dunkles Schokoladenmousse

600 g	Mousse au Chocolat (Kessko, Fond Exquis)
2000 g	Sahne

Den Fond Exquis in die flüssige Sahne einrühren und 3 bis 5 Minuten aufschlagen.
Sofort in die Form füllen und kühl stellen.
Wenn die Masse angezogen hat, dekorieren und anrichten.

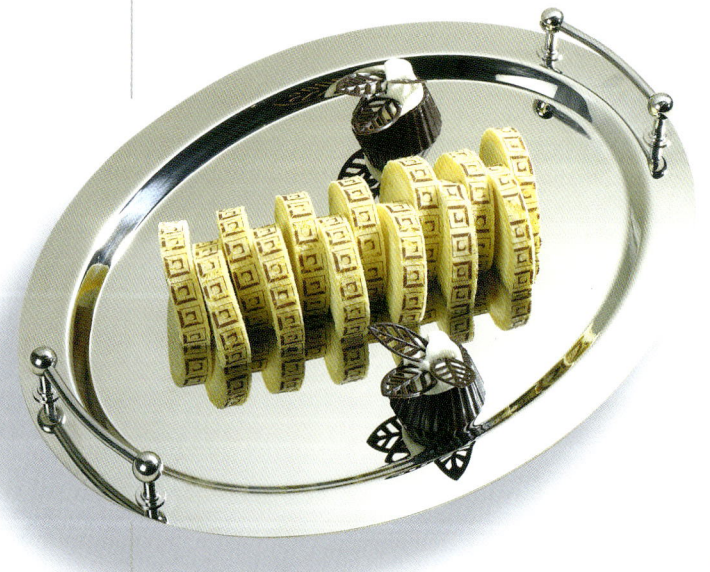

Knusperflorentiner

1000 g	Fixfertig für Florentiner (Kessko)
400 g	Mandeln, gehobelt
60 g	Orangeat, gewürfelt
60 g	Zitronat, gewürfelt
80 g	Kirschen, kandiert (Belegkirschen)

Alle Zutaten trocken vermischen, gleichmäßig auf ein mit Backpapier belegtes Backblech verteilen und abbacken.
Sofort nach dem Backen in Quadrate von 8 x 8 cm schneiden und dann über einem Rundholz zusammenlegen.
Nach dem Abkühlen Mousselinecreme mit einem Dressierbeutel (Sterntüllen Nr. 8 bis 10) eindressieren. Garnieren und anrichten.

Mousselinecreme

400 g	Vollmilchkaltcreme (Kessko)
1000 g	Wasser
500 g	Butter
500 g	Mousselinemasse (Kessko)
	Rum, 54 %

Vollmilchkaltcreme mit dem Wasser etwa 3 Minuten in schnellem Gang aufschlagen. Anschließend die Butter und die Mousselinemasse vorsichtig unterziehen. Mit Rum abschmecken.

Das schnelle Buffet
Rezepturen

Tagesdesserts

Auch die Tagesdesserts sind bei diesem Buffet so gewählt, dass sie in kürzester Zeit hergestellt werden können. Sie können der Rettungsanker sein, wenn das Menüdessert ausgeht, oder auch als Notfallplan dienen, wenn es schnell gehen muss. Die Standardeissorten sollten immer vorrätig sein.

Spaghetti „Carbonara"
Einen kleinen Sahnetupfen auf einen Nudelteller dressieren. Zwei Kugeln Vanilleeis durch die Spaghetti-Eis-Presse drücken. Kleine Stückchen von dunkler und weißer Schokolade in die Eierlikörsauce (siehe Seite 49) rühren und darüber gießen. Mit Pistaziengrieß bestreuen.

Eiskaffee „Schottisch"
Zwei Kugeln Vanilleeis mit Kaffee, schottischem Whisky und Sahnehaube stilecht angerichtet. Mit einem Werbedekor garnieren.

Spaghetti-Eis mit Erdbeersauce und Parmesan
Einen kleinen Sahnetupfen auf einen Nudelteller dressieren. Zwei Kugeln Vanilleeis durch die Spaghetti-Eis-Presse drücken. Mit Erdbeersauce und weißen Schokoladenraspeln garnieren.

Bananengondel

Drei kleine Sahnehauben in der Gondel platzieren. Drei Kugeln Eis (Vanille und Banane) auf die Sahnehauben portionieren. Bananenscheiben, Schokoladensauce und Sahnehaube aufsetzen.
Mit gehobelten Röstmandeln und Hippenröllchen garnieren.

Das schnelle Buffet
Tagesdesserts

Tagesdesserts

Blitzmousse mit Knusperflorentinern
Je eine Nocke Blitzmousse (hell und dunkel) auf den Teller portionieren. Knusperflorentiner schräg anlegen und den Teller mit Schokoladendekoren (siehe Seite 194) garnieren.

Süßer Tropfen von Pink-Grapefruit
Das Dessertstück wird auf dem Teller mit Orangen-Variegato (siehe Seite 43) garniert.

Bottermelk-Pyramide
Die Pyramide geschickt anschneiden, Früchte und Grand-Marnier-Sauce (siehe Seite 86) dazugeben.

Eierpunsch mit Rumtopf
Eierpunschroulett aufschneiden und staffeln. Rumfrüchte zugeben und garnieren.

Eisbecher und Kaltgetränke

Eiskalte Desserts

Joghurt Tropicana

Cassissauce
Frische Schlagsahne
1 Kugel Litschi-Fruchteis
Joghurt (angemacht)
2 Kugeln Joghurteis
Dekor aus frischen tropischen Früchten

Das vorgekühlte Eisglas mit Cassissauce auswanden. Eine kleine Sahnehaube eindressieren. Die Kugel Litschi-Fruchteis aufsetzen. Den Joghurt einfüllen. Das Joghurteis dazuportionieren. Kleine Sahnehaube aufsetzen. Mit frischen Früchten dekorieren.

Coppa Tiramisu

Kaffeelikör
Frische Schlagsahne
Schokolierte Kaffeebohnen
2 Kugeln Tiramisueis
1 Kugel Vanilleeis
Löffelbiskuits
Kakaopulver
Löffelbiskuit
Makronen

Das vorgekühlte Eisglas mit Kaffeelikör auswanden. Kleine Sahnehaube eindressieren. Einige schokolierte Kaffeebohnen einstreuen. Tiramisu- und Vanilleeis dazugeben. Sahnehaube aufsetzen und mit Kakaopulver leicht bestäuben. Mit Löffelbiskuits und Makronen dekorieren.

Cool Champagner

Brauner Rohrzucker
2 Kugeln Zitroneneis
Champagner
Frische Schlagsahne
Fruchtdekor

Das vorgekühlte Kelchglas mit Zuckerrand versehen. Zitroneneis einportionieren. Mit gekühltem Champagner aufgießen. Kleine Sahnehaube aufsetzen und mit Früchten garnieren.

Joghurt Frappé

Frischer Joghurt
Milch
Zucker
Eis und Früchte nach Wahl
Fruchtsauce
Frische Schlagsahne
Fruchtgarnitur

Joghurt mit Milch und Zucker abschmecken. Gewählte Eissorten zugeben und im Milchshaker cremig rühren. Fruchtsauce in das Eisglas geben. Mit dem Joghurt Frappé auffüllen. Kleine Sahnehaube aufsetzen und mit Fruchtgarnitur versehen.

Eiskalte Desserts
Eisbecher und Kaltgetränke

Eisbecher und Kaltgetränke

Coupe Melon

Red-Curaçao-Likör
Frische Schlagsahne
Obstsalat
3 Kugeln Vanilleeis
Melonenbällchen
Melonenspalten
Johannisbeeren

Das vorgekühlte Eisglas mit Red-Curaçao-Likör auswanden. Kleine Sahnehaube eindressieren. Den Obstsalat dazugeben. Vanilleeis hineinportionieren. Sahnehaube aufsetzen. Mit Melonenbällchen, Melonenspalten und Johannisbeeren dekorieren.

Nussgigant

Walnusslikör
Frische Schlagsahne
Karamellisierte Walnüsse
Ahornsirup
2 Kugeln Walnusseis
2 Kugeln Vanilleeis
Schokoladensauce
Krokant
Makronen

Das vorgekühlte Eisglas mit Nusslikör auswanden. Sahnehaube eindressieren. Karamellisierte Walnüsse einstreuen und mit etwas Ahornsirup übergießen. Walnuss- und Vanilleeis dazuportionieren. Sahnehaube aufsetzen. Mit Schokoladensauce, Krokant und Makronen dekorieren.

Tartufo Spezial

Frische Schlagsahne
Schokoladenlikör
Haselnuss- und Schokoladeneis
Krokant
Kakaopulver
Eierlikör
Rahmkaramellsauce

In das vorgekühlte Eisglas eine kleine Sahnehaube dressieren und mit Schokoladenlikör benetzen. Eine kleine Kugel Haselnusseis in einen großen Eisportionierer geben und mit diesem wiederum eine Kugel Schokoladeneis portionieren. (Das Haselnusseis wird zur Füllung, das Schokoladeneis zum äußeren Mantel.) Die Tartufo-Kugel in Krokant wälzen, abstäuben und auf die Sahnehaube setzen. Mit Rahmkaramellsauce garnieren.

La tortina fredda

Karamellsauce
Ahornsirup
Frische Schlagsahne
2 Kugeln Schokoladeneis
2 Kugeln Vanilleeis
Kuvertüre, aufgelöst
Krokant
Eierlikör
Frische Früchte

Das vorgekühlte Eisglas mit Karamellsauce und Ahornsirup auswanden. Kleine Sahnehaube eindressieren. Schokoladen- und Vanilleeis in einem vorgekühlten Tartufo-Stempel portionieren und glatt streichen. Das Eis aus dem Stempel herausdrücken, mit aufgelöster Kuvertüre überziehen und in Krokant rollen. Auf die Sahnehaube aufsetzen. Mit Eierlikör füllen, kleine Sahnehaube aufsetzen, mit Früchten garnieren.

Eiskalte Desserts
Eisbecher und Kaltgetränke

Eisbecher und Kaltgetränke

Banana Sunrise

Frische Schlagsahne
2 Kugeln Bananeneis
1 Kugel Schokoladeneis
Bananenscheiben
Schokoladensauce
Hippenröllchen
Orangenscheiben

Auf den vorgekühlten Teller drei kleine Sahnehauben dressieren. Bananen- und Schokoladeneis aufsetzen. Bananenscheiben anlegen. Mit Schokoladensauce überziehen. Drei weitere kleine Sahnehauben auf die Eiskugeln dressieren. Mit Hippenröllchen und Orangenscheiben dekorieren.

Frutti di Bosco

Frische Schlagsahne
Waldbeerentopping
1 Kugel Vanilleeis
1 Kugel Heidelbeereis
1 Kugel Sauerrahmeis
Waldfrüchte (Himbeeren, Heidelbeeren, Brombeeren usw.)
Hippengebäck

Auf den vorgekühlten Teller eine kleine Sahnehaube dressieren. Mit Waldbeerentopping einen Spiegel auftragen. Die Eiskugeln um die Sahnehaube anordnen. Mit Waldfrüchten und Hippengebäck dekorieren.

Eistagliatelle

Frische Schlagsahne
2 Kugeln Milcheis Haselnuss
2 Kugeln Vanilleeis
Heidelbeeren
Erdbeersauce
Weiße Schokoraspel
Minzeblätter

Auf die vorgekühlte Platte eine Sahnehaube auftragen. Milcheis Haselnuss und Vanilleeis mit Tagliatelle-Presse auftragen. Mit Heidelbeeren, Erdbeersauce, weißen Schokoraspel und Minzeblättern dekorieren.

Macedonia

Frische Schlagsahne
3 Kugeln Vanilleeis
Erdbeersauce
Frische Früchte
Feigen

Auf den vorgekühlten Teller einen Rand aus Schlagsahne aufdressieren. Vanilleeis in die Mitte portionieren. Die frisch geschnittenen Früchte dazugeben. Freiräume mit Erdbeersauce auffüllen. Rand mit Feigenstücken dekorieren.

Eiskalte Desserts
Eisbecher und Kaltgetränke

Rezepturen

Cassissauce
- 1000 g Fruchtpüree Cassis
- 300 g Zucker
- 60 g Trockenglucose
- Zitronensaft

Die Zutaten werden miteinander vermischt und kurz mit dem Mixstab püriert. Ein kurzes Aufkochen verlängert die Haltbarkeit.

Litschi-Fruchteis
- 750 g Zucker
- 150 g Trockenglucose
- 70 g Magermilchpulver
- 120 g Bindemittel (30-g-Basis)
- 1400 g Wasser
- 1500 g Fruchtpüree Litschi (Boiron)
- Zitronensaft

Zucker, Trockenglucose, Magermilchpulver und Bindemittel miteinander trocken vermischen. Mit dem Wasser klumpenfrei anrühren und das Fruchtpüree mit dem Stabmixer einpürieren. Mit Zitronensaft abschmecken. In der Eismaschine bis etwa −10 °C gefrieren.

Joghurt für Eisbecher
- 500 g Joghurt, 3,5 % Fettgehalt
- 100 g Zucker
- 150 g Sahne
- 1 Prise Salz
- Zitronensaft

Alle Zutaten miteinander verrühren und mit Zitronensaft abschmecken.

Joghurteis
- 720 g Zucker
- 120 g Dextrose
- 130 g Magermilchpulver
- 120 g Bindemittel (50-g-Basis)
- 1 Prise Salz
- 600 g Vollmilch
- 200 g Sahne
- 2500 g Joghurt, 3,5 % Fettgehalt
- Zitronensaft

Zucker, Dextrose, Magermilchpulver, Bindemittel und Salz trocken miteinander vermischen. Mit Vollmilch und Sahne klumpenfrei anrühren. Den Joghurt mit dem Mixstab etwa 2 Minuten unterarbeiten. Mit Zitronensaft abschmecken und in der Eismaschine bis etwa −10 °C gefrieren.

Vanilleeis
(siehe Seite 88)

Erdbeersauce (Royal-Sauce)
(siehe Seite 137)

Schokoladensauce (Topping)
- 1100 g Wasser
- 1400 g Zucker
- 480 g Kakaomasse
- 800 g Sahne

Gesamte Zutaten miteinander aufkochen und etwa 15 Minuten langsam durchkochen. Danach in Dosierflaschen abfüllen, abkühlen und kühl lagern.

Milcheis Tiramisu

900 g	Zucker
50 g	Dextrose
50 g	Magermilchpulver
100 g	Bindemittel (50-g-Basis)
1	Prise Salz
2000 g	Vollmilch
220 g	Eigelb
1000 g	Mascarpone
50 g	Kaffeelikör
40 g	Zitronensaft

Zucker, Dextrose, Magermilchpulver, Bindemittel und Salz trocken miteinander vermischen. Anschließend mit Milch klumpenfrei anrühren und das Eigelb verrühren. Die Masse auf 85 °C erhitzen und mindestens 4 Sekunden auf dieser Temperatur halten. Danach Mascarpone, Kaffeelikör und Zitronensaft unterziehen und in der Eismaschine auf etwa −9 °C gefrieren.

Zitroneneis

850 g	Zucker
120 g	Trockenglucose
70 g	Magermilchpulver
120 g	Bindemittel (30-g-Basis)
2100 g	Wasser
650 g	Zitronensaft (frisch gepresst)

Zucker, Trockenglucose, Magermilchpulver und Bindemittel trocken miteinander vermischen. Mit dem Wasser klumpenfrei anrühren. Den Zitronensaft mit dem Stabmixer zirka 1 Minute einpürieren. In der Eismaschine bis etwa −10 °C gefrieren.

Schokoladeneis

2370 g	Vollmilch
150 g	Sahne
300 g	Eigelb
280 g	Kuvertüre
550 g	Zucker
125 g	Dextrose
125 g	Magermilchpulver
100 g	Bindemittel (50-g-Basis)
1	Prise Salz

Die gesamte Flüssigkeit mit den Eigelben und der Kuvertüre verrühren und erhitzen. Zucker, Dextrose, Magermilchpulver, Bindemittel und Salz trocken miteinander vermischen und bei 50 °C der Flüssigkeit zugeben. Die Masse auf 92 °C erhitzen. Anschließend in der Eismaschine bis etwa −10 °C gefrieren.

Milcheis Haselnuss

2800 g	Vollmilch
50 g	Sahne
300 g	Haselnussmark
630 g	Zucker
150 g	Dextrose
120 g	Bindemittel (50-g-Basis)
1	Prise Salz

Vollmilch, Sahne und Haselnussmark erhitzen. Die restlichen Zutaten trocken vermischen und bei 50 °C klumpenfrei unterrühren. Den gesamten Eismix auf 85 °C erhitzen und 4 Sekunden auf dieser Temperatur halten. Anschließend in der Eismaschine bis etwa −9 °C gefrieren.

Rezepturen

Bananeneis

650 g	Zucker
100 g	Trockenglucose
70 g	Magermilchpulver
70 g	Bindemittel (30-g-Basis)
1800 g	Vollmilch
1000 g	Bananen frisch
70 g	Zitronensaft

Zucker, Trockenglucose, Magermilchpulver und Bindemittel trocken miteinander vermischen. Mit der Vollmilch klumpenfrei anrühren. Die Bananen schälen, waschen und mit dem Stabmixer etwa 1 Minute einpürieren. Mit dem Zitronensaft abschmecken. In der Eismaschine bis etwa −10 °C gefrieren.

Rahmkaramellsauce
(siehe Seite 50)

Waldbeerentopping

1000 g	Waldbeeren, gemischt
350 g	Zucker
150 g	Trockenglucose
	Zitronensaft

Die Früchte mit Zucker und Trockenglucose pürieren und mit Zitronensaft abschmecken. Das Topping mit einem Haarsieb passieren. Zur längeren Haltbarkeit kurz aufkochen, in Dosierflaschen abfüllen und kühlen.

Heidelbeereis

800 g	Zucker
150 g	Trockenglucose
70 g	Magermilchpulver
120 g	Bindemittel (30-g-Basis)
1400 g	Wasser
1500 g	Heidelbeeren oder Heidelbeerpüree
	Zitronensaft

Zucker, Trockenglucose, Magermilchpulver und Bindemittel trocken miteinander vermischen. Mit dem Wasser klumpenfrei anrühren. Die Heidelbeeren mit dem Stabmixer etwa 1 Minute einpürieren. Mit dem Zitronensaft abschmecken. In der Eismaschine bis etwa −10 °C gefrieren.

Sauerrahmeis

720 g	Zucker
120 g	Dextrose
130 g	Magermilchpulver
120 g	Bindemittel (50-g-Basis)
1	Prise Salz
1800 g	Vollmilch
1500 g	Sauerrahm (Schmant)
	Zitronensaft

Zucker, Dextrose, Magermilchpulver, Bindemittel und Salz trocken miteinander vermischen. Mit der Vollmilch klumpenfrei anrühren. Den Sauerrahm mit dem Mixstab etwa 2 Minuten unterarbeiten. Mit dem Zitronensaft abschmecken und in der Eismaschine bis etwa −10 °C gefrieren.

Milcheis Walnuss

2800 g	Vollmilch
50 g	Sahne
240 g	Walnussmark
600 g	Zucker
150 g	Dextrose
120 g	Bindemittel (50-g-Basis)
1	Prise Salz

Vollmilch, Sahne und Walnussmark erhitzen. Die restlichen Zutaten trocken vermischen und bei 50 °C klumpenfrei unterrühren. Den gesamten Eismix auf 85 °C erhitzen und 4 Sekunden auf dieser Temperatur halten.

Tipp

Für die Entnahme und Lagerung von Speiseeis, Sorbets und Fruchteis empfiehlt sich die Lagerung in vorgekühlten Edelstahlbehältern oder in entsprechenden kühlbaren Porzellangefäßen, die zum Buffet gehören. Sämtliche Gefäße nehmen die Umgebungstemperatur schnell an. Bei in Raumtemperatur gelagerten Gefäßen würde das Eis sofort bei der Entnahme anfangen, an den direkten Berührungspunkten zu schmelzen.
Anschließend im Tiefkühler würden diese geschmolzenen Bestandteile unter stehender Kühlung wieder durchfrieren und sehr schnell die unerwünschten Eiskristalle bilden.

Bezugsliste

- Eisgläser — *Eisforum*
- Fruchtpüree — *Boiron*
- Schlagsahneautomat — *Vaihinger Sanomat*
- Milchshaker — *Pefra*
- Eisportionierer — *Viluca*
- Tartufo-Stempel — *Eisforum*
- Spaghetti-/Lasagne-Presse — *Eisforum*
- Mixstab — *Eisforum*
- Eisbindemittel — *Eisforum*
- Haselnussmark — *Kessko*
- Kuvertüre — *Kessko*
- Kakaomasse — *Kessko*
- Kaffeelikör — *Eisforum*
- Walnussmark — *Eisforum*
- Schlagsahne, Bag-in-Box-System — *Friesland Madibic*

Eiskalte Desserts
Rezepturen

Rezepturen

Käsedesserts

Genießer beschließen ein gutes Essen mit Käse. Eine Auswahl edler Käse mit Trauben ist ohne Zweifel der Klassiker, zudem schnell herzustellen.
Raffinierte Kombinationen mit nicht zu hohem Fettanteil liegen im Trend. Sie bedeuten einen höheren Arbeitsaufwand, bringen aber auch eine angenehme Abwechslung in den Käsealltag. Das Käsedessert als Krönung.

Mascarpone, Gorgonzola und Gloster Äpfel
Das Trio aus der Lombardei

250 g	Mascarpone
250 g	Gorgonzola
	bunter Pfeffer aus der Mühle
	Muskatnuss, frisch gerieben
10 g	Zitronensaft
	evtl. flüssige Sahne
	pro Dessert ein ½ Apfel

Alle Zutaten, außer dem ½ Apfel, mit einem Holzlöffel vorsichtig miteinander verrühren. Der Gorgonzola muss sichtbar bleiben. Eventuell flüssige Sahne zugeben, um eine geschmeidige Konsistenz zu bekommen.
Die Äpfel mit einem Officemesser durch Zackenstich halbieren und das Kerngehäuse mit einem Kugelausstecher großzügig entfernen. Der Boden muss geschlossen bleiben.
Die Käsemasse in die Apfelhälften füllen und dann im Ofen bei 180 °C etwa 20 Minuten garen. Heiß anrichten, mit Apfelchips und frischen Früchten garnieren.

Apfelchips
1 Apfel
etwa 50 g Puderzucker

Die Endstücke des Apfels abschneiden und das Kerngehäuse ausstechen. Etwa 1 mm dünne Scheiben schneiden und halbieren. Beschichtetes Backpapier mit der Hälfte des Puderzuckers bestreuen, die Apfelspalten darauf verteilen und mit dem restlichen Zucker überstäuben. Etwa 15 Minuten bei 110 °C, danach 60 bis 70 Minuten bei 90 °C im Backofen trocknen. Der Schwadenabzug muss geöffnet sein. Die Apfelspalten sofort vom Papier lösen und trocken aufbewahren.

Weißschimmelkäse im Blätterteigschiffchen mit Erdbeer-Basilikum-Sauce

500 g Blätterteig (siehe Seite 191) 130 x 80 cm ausrollen und mit einem Rad Quadrate von 10 x 10 cm schneiden.

Einen etwa 1 cm breiten Streifen teilweise abtrennen. Die Ränder mit Wasser bestreichen, auf die gegenüberliegende Seite klappen und andrücken, so dass ein Schiffchen entsteht.

Die herübergeklappten Ränder mit Eistreiche bestreichen und auf ein befeuchtetes Backblech legen. Goldgelb, zartknusprig backen.

Backzeit: etwa 20 Minuten
Temperatur: 180 °C
Diese Schiffchen lassen sich problemlos vorproduzieren.

Erdbeer-Basilikum-Sauce
- 500 g Erdbeeren
- 50 g Tequila
- Zitronensaft zum Abschmecken
- 20 g grüner Pfeffer, abgetropft
- 75 g Basilikum, frisch

Die Erdbeeren grob zerkleinern, mit dem Tequila und dem Zitronensaft pürieren. Den Pfeffer grob hacken und dazugeben. Basilikumblätter zum Garnieren zurücklegen, das restliche Basilikum hacken und ebenfalls zufügen. Nach Möglichkeit etwa 12 Stunden reifen lassen.

Weißschimmelkäse in Segmente schneiden und in die Schiffchen füllen. Im Ofen oder Salamander den Käse schmelzen.
Heiß anrichten, Erdbeer-Basilikum-Sauce auf den Teller zeichnen. Mit Basilikumbukett garnieren.

Käsedesserts
Rezepturen

Rezepturen

In Waldhonig gebeizter Munsterkäse im Blätterteigverließ

250 g	Munsterkäse
50 g	Waldhonig
500 g	Blätterteig (siehe Seite 191)

Den Munsterkäse in Segmente schneiden, mit dem Waldhonig mischen und zirka 24 Stunden bei Raumtemperatur beizen. Den Blätterteig etwa 3 mm dick ausrollen, mit einem Lineal und Rädchen kleine Rechtecke ausschneiden und dünn mit Wasser bestreichen. Etwa 3 mm breite Streifen schneiden, einen Rand aufsetzen und backen. Den gebeizten Käse mit etwas Honig in das „Verließ" geben und den Käse im Ofen oder Salamander schmelzen.

Backzeit: etwa 15 Minuten
Temperatur: 180 °C

Topfenknödel mit Gröstl und Zimtpflaumen

100 g	Weißbrot, entrindet
50 g	Butter
1	Msp. Vanille, gemahlen
1	Msp. Zitronenschale, abgerieben
50 g	Eigelb
500 g	Quark oder Topfen
50 g	Eiklar
100 g	Zucker
1	Prise Salz

Das Weißbrot in einem Mixer fein hacken und beiseite stellen. Butter, Vanille und Zitronenschale schaumig rühren. Eigelb zugeben und verrühren, danach den Quark unterrühren. Eiklar, Zucker und Salz zu steifem Schnee schlagen und unter die Masse arbeiten. Zum Schluss die Weißbrotbrösel unterkneten und den Teig für zirka 2 Stunden kalt stellen.

Etwa 2 Liter leicht gesalzenes, gesüßtes Wasser in einem breiten Topf zum Kochen bringen. Kleine Klöße formen und in das kochende Wasser geben. Knapp unter dem Siedepunkt etwa 15 Minuten ziehen lassen, gelegentlich tauchen, eventuell wenden.

Gröstl

50 g	Butter
50 g	Zucker
100 g	Biskuitbrösel, fein gerieben

Butter und Zucker in einer Pfanne schmelzen und leicht bräunen. Die Biskuitbrösel hinzugeben und bei schwacher Hitze knusprig, goldgelb rösten.

Zimtpflaumen (siehe Seite 52) mittig auf dem Teller anrichten. Die Klößchen auf Küchenpapier abtropfen lassen und anlegen.

Mit Gröstl und Puderzucker garnieren.

Käsedesserts

Rezepturen

Rezepturen

Roquefort mit Walnüssen und Lavendel
Eine Leckerei aus der Provence

250 g	Walnüsse
100 g	brauner Zucker
100 g	Lavendelhonig
100 g	Wasser
2	Zimtstangen
5	Nelken
150 g	Mare de Provence
	Lavendelblüten (wenn vorhanden)
100 g	Roquefort pro Portion (etwa)

Die Walnüsse in kochendem Wasser kurz brühen. Nach kurzer Ruhezeit die Haut entfernen.
Braunen Zucker, Lavendelhonig und Wasser in einer Kasserolle unter ständigem Rühren aufkochen. Zimtstangen, Nelken, Mare de Provence und die Lavendelblüten zugeben und reduzieren lassen. Nelken, Zimtstangen und die Blütenreste entfernen und die Walnüsse in die heiße Marinade geben.
Roquefortkeile auf einem Teller platzieren, Walnüsse und Marinade dazugeben und eine Blüte anlegen.

Käse in der Knolle

Romadur oder einen anderen würzigen Käse würfeln, in Obstler oder Wodka marinieren und beiseite stellen. Bei mittelgroßen, gekochten Pellkartoffeln die Kappe abschneiden und mit einem Kugelausstecher leicht aushöhlen. Mit dem Käse füllen und mit Obstler oder Wodka aufgießen. Die Kappe gewendet wieder aufsetzen.
Zum Anrichten die Kartoffel in der Mikrowelle vorsichtig erwärmen, so dass der Käse schmelzen kann. Die Knolle auf einem Teller platzieren, etwas Kaviar auf die Kappe häufeln.
Mit Sauerrahm sowie Dill garnieren.

Käsecrêpes mit rotem Apfelsorbet

Käsecrêpes
- 100 g Milch
- 50 g Vollei
- 10 g Zucker
- 25 g Käse, gerieben
- 1 Prise Salz
- 50 g Mehl

Alle Zutaten glatt verrühren. In einer teflonbeschichteten Pfanne mit etwas Öl hauchdünne Crêpes backen. Diese lassen sich vorproduzieren.
Sahne und Gorgonzola oder einen anderen Schimmelkäse in einer Pfanne erhitzen. So lange rühren, bis eine noch leicht flüssige Masse entstanden ist. Eventuell etwas Sahne oder Käse hinzufügen. Die Crêpes in der Käsemasse wenden, falten und auf einem Teller anrichten. Sorbet von rotem Apfel (siehe Seite 47) zugeben und garnieren.

Käseeisbecher mit buntem Allerlei und Brotringen

Käseeis
- 2000 g Vollmilch
- 1000 g Frischkäse
- 300 g Eigelb
- 40 g Zitronensaft
- 900 g Zucker
- 50 g Dextrose
- 10 g rote Pfefferbeeren
- 100 g Bindemittel (50-g-Basis)

Vollmilch, Frischkäse, Eigelb und Zitronensaft in den Pasteurisierer füllen. Die restlichen Zutaten trocken anmischen und bei 40 °C hinzugeben. Nach dem Pasteurisieren im Gefrierzylinder ausfrieren.

Etwas rote Pfeffersauce (siehe Seite 181) in den vorgekühlten Cup füllen. Drei Kugeln Käseeis hineinportionieren. Mit Pepperonischote, Oliven, Radieschenmaus und Brotringen garnieren.

Käsedesserts
REzepturen

Rezepturen

Quarksoufflé mit rosa Grapefruit

Quarksoufflé

750 g	Magerquark
100 g	Eigelb
250 g	Milch
20 g	Vanillecremepulver
1	Msp. Vanille, gemahlen
1	Msp. Zitronenschale, gerieben
1	Prise Salz
100 g	Eiweiß
150 g	Zucker

Souffléförmchen buttern, mit Zucker ausstreuen und beiseite stellen.
Magerquark, Eigelb, Milch, Vanillecremepulver, Vanille, Zitrone und Salz in einen Kessel geben und glatt rühren. Eiweiß und Zucker gut steif schlagen und unter die Quarkmasse heben. In die bereitstehenden Förmchen füllen. Die Förmchen in ein Wasserbad stellen und im Backofen soufflieren.
Backzeit: etwa 25 Minuten
Temperatur: max. 170 °C

Rosa Grapefruit
Rosa Grapefruit mit dem Messer schälen und filieren. Zucker in einer Kasserolle schmelzen und leicht bräunen lassen. Mit heißem Grapefruitsaft ablöschen und reduzieren. Mit Obstbrand abschmecken und in noch warmem Zustand die Grapefruitfilets hinzugeben.

Das Soufflé nach dem Backen stürzen und auf dem Teller platzieren. Grapefruitfilets und Garnitur anlegen oder im Näpfchen servieren.

Camembert im Schinkenpaket
auf Strohkartoffeln und Aprikosenchutney

Strohkartoffeln

Große Kartoffeln schälen und auf der Aufschnittmaschine in dünne Scheiben und mit dem Messer in feine Streifen schneiden. Etwa 10 Minuten in kaltem Wasser wässern, so werden sie knuspriger. Abtropfen lassen und auf Küchenpapier trockentupfen. In der Fritteuse knusprig, goldgelb backen.

Aprikosenchutney

Feste Aprikosen brühen und die Haut entfernen. Halbieren, den Stein entfernen und in Segmente schneiden.
Zwei Teile Aprikosenstückchen und einen Teil Gelierzucker in einen Topf füllen, mischen und etwa 2 Stunden ziehen lassen.
Balsamico-Essig hinzufügen und zum Kochen bringen. Etwa 2 Minuten köcheln und abkühlen lassen.

Von dem grünen Teil einer Lauchstange dünne, etwa 15 cm lange Streifen schneiden. In kochendem Wasser blanchieren und in Eiswasser abkühlen.
Camembert in Würfel schneiden und in hauchdünn geschnittenen Schinken einschlagen. Mit dem Lauchfaden umwickeln und eine Schleife binden. All dies kann vorbereitet werden.
Die Camembertwürfel in der Pfanne vorsichtig bei nicht zu starker Hitze braten. Thymianzweige kurz hinzugeben. Der Camembert muss beginnen zu schmelzen.
Die Strohkartoffeln auf einem Teller anrichten. Den Camembert und die Tymianzweige darauf platzieren, mit dem Aprikosenchutney garnieren.

Rezepturen

Frischkäse mit Datteln im Turm

Käsebrandteig
- 150 g Wasser
- 150 g Milch
- 100 g Butter
- 1 Prise Salz
- 225 g Mehl, gesiebt
- 350 g Vollei
- 50 g Parmesan, gerieben

Wasser, Milch, Butter und Salz in einem Topf oder Kessel aufkochen. Das Mehl zugeben und unter kräftigem Rühren abrösten, bis eine kompakte Masse entstanden ist. Ist die Masse leicht abgekühlt, Vollei und Parmesan mit dem Rührgerät oder von Hand nach und nach unterrühren.

Den oberen Rand des Spritzbeutels umschlagen und eine Sterntülle (Größe 8 bis 12) einsetzen. Jetzt die Masse mit einem Teigspachtel in den Spritzbeutel einfüllen und auf ein gefettetes oder mit Backpapier belegtes Backblech Tupfen aufdressieren.
Goldgelb backen (siehe Seite 38, Brandteigschwäne).
Backzeit: etwa 20 Minuten
Temperatur: 210 °C

Füllung
- 150 g Datteln, frisch
- 500 g Frischkäse
- Sahne
- Pfeffer, frisch gemahlen
- 200 g Honigsenf oder ein anderer milder aromatisierter Senf

Die Datteln häuten, die Kerne entfernen und fein würfeln. Den Frischkäse mit etwas Sahne glatt rühren, so dass er spritzfähig wird. Mit dem Pfeffer abschmecken. Die Datteln hinzufügen und unterrühren. Zum Anrichten die Kappe der Tupfen abschneiden. Die Käsemasse in einen Spritzbeutel (Sterntülle Nr. 12) geben und etwas Füllung auf das Unterteil des „Turms" dressieren. Die Kappe aufsetzen und auf einem Teller anrichten. Den Senf gegebenenfalls mit wenig Wasser geschmeidiger machen und auf den Teller zeichnen.

Mousse von Ziegenkäse mit roter Pfeffersauce

Mousse von Ziegenkäse

500 g	Ziegenfrischkäse
150 g	Zucker
2 g	Estragon, fein gehackt
2 g	Basilikum, fein gehackt
1000 g	Sahne, geschlagen
5	Blatt Gelatine

Den Ziegenfrischkäse mit dem Zucker glatt rühren. Ist die Masse zu fest, zusätzlich etwas Sahne dazugeben, so dass die Masse geschmeidig wird. Die Gewürze und die Sahne mit dem Schneebesen unterheben. Die in eiskaltem Wasser eingeweichte Gelatine auflösen und flott einrühren. Die Mousse in ein Gefäß füllen, glatt streichen, mit Folie abdecken und kalt stellen.

Rote Pfeffersauce

200 g	Zucker
500 g	Blutorangensaft
20 g	rote Pfefferbeeren, grob gestoßen
200 g	Cointreau

Den Zucker in einer Kasserolle schmelzen und leicht bräunen lassen. Den heißen Blutorangensaft zugießen und reduzieren. Ist die Sauce um etwa die Hälfte reduziert, die Pfefferbeeren und den Cointreau hinzufügen und aufkochen. Bei Raumtemperatur aufbewahren.

Zwei Nocken Mousse von Ziegenkäse auf einem Teller platzieren. Rote Pfeffersauce angießen. Mit frisch geriebener Muskatnuss, rotem Pfeffer aus der Mühle und Thymianzweig garnieren.

Rezepturen

Schafskäse und Pepperoni im Speckmantel

4	Streifen Schafskäse
2	Pepperoni
4	dünne Scheiben magerer Speck

Jeweils zwei Streifen Schafskäse und eine Pepperoni mit Speck umwickeln und in Olivenöl goldbraun braten. Mit etwas Olivenöl anrichten. Dazu rustikales warmes Stangenbrot reichen.

Konfekt von der Ziege mit weißem Trüffel

Etwa 1 Zentimeter dicke Weißbrotscheiben (kein Toastbrot aus der Brotfabrik) ausstechen und in einer Pfanne in wenig Butter rösten. Diese Segmente mit verschiedenen Ziegenkäsen belegen und garnieren. Weißen Trüffel dünn darüber hobeln.

Soufflé von Ziegenfrischkäse mit Feigenspalten

Rezept Soufflé von Ziegenfrischkäse

- 500 g Ziegenfrischkäse
- 300 g Quark
- 300 g Eigelb
- 1 Msp. Vanille, gemahlen
- 1 Msp. Zitronenschale, abgerieben
- 300 g Eiweiß
- 300 g Zucker

Souffléförmchen buttern, mit Zucker ausstreuen und beiseite stellen. Ziegenfrischkäse, Quark, Eigelb, Vanille und Zitronenschale in einen Kessel geben und glatt rühren. Sollte die Masse zu fest sein, etwas flüssige Sahne hinzugießen. Eiweiß und Zucker steif schlagen, nach und nach unter die Masse heben und diese in die bereitstehenden Förmchen füllen. Um ein optimales Ergebnis zu erzielen, werden Soufflés im Backofen im Wasserbad soufliert. Dadurch erhält das Soufflé eine lockere Konsistenz und geht beim Garen hoch. Man spricht in diesem Zusammenhang auch von Aufgehen oder Auflaufen.

Backzeit: etwa 25 Minuten
Temperatur: max. 170 °C

Feigenspalten

Feste Feigen achteln und beiseite stellen. Zucker in einer Kasserolle schmelzen und, nach Möglichkeit, mit heißem Feigensaft ablöschen und reduzieren. Mit Wodka oder mit einem Hauch Pernod abschmecken. Leicht abkühlen lassen und die Feigen hinzugeben.

Das Soufflé stürzen, auf dem Teller platzieren und mit Puderzucker garnieren. Die Feigen anlegen oder im Näpfchen servieren.

Rezepturen

Angemachter Schafskäse in der Körnerschnecke

Körnerschnecken

Blätterteig (siehe Seite 191) etwa 1 Millimeter dick ausrollen. Mit dem Rad 2 cm breite, 15 cm lange Streifen schneiden. Diese Streifen hälftig überlappend um einen Schillerlockenhalter wickeln. Mit Wasser bestreichen, in Körnern wenden und auf einem Backblech backen.

Backzeit: etwa 25 Minuten
Temperatur: 180 °C

Diese Körnerschnecken lassen sich vorproduzieren. Vor dem Gebrauch nochmals aufbacken.

500 g	Feta oder Streichkäse vom Schaf
1	Schalotte, fein gehackt
1	kleine Knoblauchzehe, fein zerdrückt
3	Sardellenfilets, zerrieben
25 g	Kapern, fein gehackt
10 g	grüner Pfeffer, gehackt
1	Msp. Paprika
1	Prise Salz
	Sahne

Alle Zutaten, bis auf die Sahne, in einen Kessel geben und verrühren. So viel Sahne zugeben, dass eine geschmeidige, spritzfähige Masse entsteht. Diese in einen Spritzbeutel mit Sterntülle (Nr. 8 oder 10) einfüllen und in die Blätterteigschnecken dressieren. Mit der passenden Garnitur anrichten.

Warmes Törtchen von frischem Ziegenkäse, Tête de Moine und Kürbis-Ingwer-Confit

Einen dünnen Apfelring beidseitig leicht anbraten und auf einer breiten Winkelpalette ablegen. Einen Ausstecher 4 cm Ø leicht fetten und den Apfelring ausstechen. Etwa 1 cm dick Ziegenfrischkäse einspritzen. In einer kleinen Pfanne wenig Butter bräunen und Panierbrot darin rösten, mit Kräutern der Provence abschmecken und den Käse damit bedecken. Das Törtchen auf der Palette im Salamander leicht erwärmen, mittig auf den Teller schieben und den Ring abheben.

Tête de Moine und Kürbis-Ingwer-Confit um das Törtchen herum platzieren.

Kürbis-Ingwer-Confit

Eingelegten Kürbis fein würfeln. Ingwerknolle schälen, ebenfalls würfeln und mit dem gewürfelten Kürbis sowie etwas Kürbisfond etwa 24 Stunden ziehen lassen.
Die Würfel mit dem Fond aufkochen. Etwas Speisestärke mit Sherry anrühren und den Fond leicht binden.

Geschmolzener Brie, mit Calvados flambiert

Ein kleines Pfännchen dünn mit Butter ausstreichen und mit Semmelbrösel ausstreuen. Etwa 125 g geschnittenen Brie hineinstapeln und im Salamander schmelzen. Ist auch die Oberfläche leicht gebräunt, Cocktailäpfelchen ansetzen und mit Calvados flambieren. Brennend servieren. Dazu warmes Stangenbrot reichen.

Käsedesserts
Rezepturen

Rezepturen

Käseblätterteig

500 g	Mehl
200 g	Wasser
100 g	Sahne
75 g	Eigelb
250 g	Käse, gerieben
10 g	Salz
300 g	Butter
50 g	Mehl
5 g	Paprika

Aus diesen Zutaten einen besonderen Blätterteig herstellen (siehe Seite 191). Den Blätterteig in geriebenem, trockenem Parmesan etwa 2 mm dünn ausrollen und zu einem Fächer zusammenlegen. In 2 bis 3 mm dicke Scheiben schneiden und auf einem gefetteten Backblech abbacken. Auch ist es möglich, den Teig zu Käseöhrchen zu falten.
Temperatur: 200 °C
Backzeit: 10 bis 15 Minuten

Käselinchen

450 g	Butter
400 g	Parmesan, gerieben
200 g	Chester, gerieben
10 g	Paprika, gemahlen
5 g	Salz
175 g	Sahne
75 g	Eigelb
600 g	Mehl

Butter, Parmesan, Chester, Paprika sowie Salz miteinander verarbeiten. Sahne und Eigelb einarbeiten und zum Schluss das Mehl unterkneten. Aus dem Teig etwa 3 cm dicke Stangen in Chesterkäse rollen, auf ein Blech legen, mit Folie abdecken und einige Stunden kalt stellen. In etwa 1 cm dicke Scheiben schneiden, auf ein dünn gefettetes und gemehltes Blech legen und backen. Diese Käselinchen müssen breit laufen.
Temperatur: 200 °C
Backzeit: 10 bis 15 Minuten

Käsetaler

500 g	Käse, gerieben
400 g	Butter
1	Eigelb
30 g	Salz
5 g	Pfeffer
5 g	Paprika
250 g	Sahne
20 g	Arrak
20 g	Weinbrand
600 g	Mehl

Käse, Butter und Eigelb leicht schaumig rühren. Salz, Pfeffer sowie Paprika mischen und hinzugeben. Sahne, Arrak und Weinbrand nach und nach einrühren. Zum Schluss das Mehl unterkneten. Den Teig in Folie wickeln und einige Stunden in der Kühlung reifen lassen.
Zur weiteren Verarbeitung kurz geschmeidig kneten und ausrollen. Mit einem Ausstecher Formen ausstechen oder mit einem Rädchen in eckige Segmente teilen. Mit Eistreiche bestreichen, in verschiedenen geriebenen Käsesorten (Parmesan, Chester, Emmentaler) tupfen und backen.
Temperatur: 200 °C
Backzeit: 10 bis 15 Minuten

Käsebrezel

350 g	Butter
180 g	Emmentaler
180 g	Parmesan
125 g	Sahne
40 g	Vollei
30 g	Weinbrand
10 g	Arrak
500 g	Mehl

Butter, Emmentaler und Parmesan miteinander verkneten. Sahne, Vollei, Weinbrand sowie Arrak einarbeiten und zum Schluss das Mehl unterkneten. Den Teig in Folie wickeln und einige Stunden in der Kühlung reifen lassen.

Vor der weiteren Verarbeitung geschmeidig kneten und von einem Teil eine dünne, etwa 7 mm dicke Stange ausrollen. Diese in ungefähr 8 cm lange Stücke schneiden und eine Brezel formen. Auf einem Backblech goldgelb backen.

Temperatur: 200 °C
Backzeit: 10 bis 15 Minuten

Backprogramm

Basics

Biskuitboden, hell

- 30 g Eiklar
- 20 g Zucker
- 20 g Kartoffelstärke
- 20 g Eigelb
- 20 g Zucker
- 1 Prise Salz
- abgeriebene Zitronenschale
- 20 g Mehl

Eiklar mit Zucker und Kartoffelstärke aufschlagen. Eigelb mit Zucker, Salz und Zitronenschale aufschlagen. Die schwere Eigelbmasse auf die leichte Eischneemasse geben, unterarbeiten und das Mehl vorsichtig einmelieren. In Ringe füllen und backen.
Temperatur: 190 °C
Backzeit: etwa 25 Minuten

Biskuitboden, dunkel

- 30 g Eiklar
- 20 g Kartoffelstärke
- 20 g Zucker
- 20 g Eigelb
- 20 g Zucker
- 1 Prise Salz
- Zitronenschale, abgerieben
- 30 g Mehl
- 10 g Kakaopulver

Herstellung wie Biskuitboden, hell.
Ringgrößen
- Bei 18-cm-Ring und einer Höhe von maximal 5 cm 3 Eigelb und 3 Eiklar verwenden.
- Bei 26-cm-Ring und einer Höhe von maximal 5 cm 6 Eigelb und 6 Eiklar verwenden.
- Bei 26-cm-Ring und einer Höhe von maximal 6 cm 7 Eigelb und 7 Eiklar verwenden.

Tipp
Die Anzahl der Eier werden als Richtwerte verstanden. Natürlich müssen die anderen Zutaten entsprechend hochgerechnet werden.

Dekorkapsel, handwerklich

Dekormasse
- 100 g Butter
- 100 g Staubzucker
- 1 Prise Salz
- 100 g Eiklar
- 95 g Mehl
- 5 g Kakao

Butter, Staubzucker und Salz miteinander glatt arbeiten (nicht schaumig rühren). Das Eiklar nach und nach unterrühren, Mehl und Kakaopulver miteinander versieben und zugeben.
Die Masse auf eine Silpatfolie hauchdünn aufstreichen, ein Muster aufkämmen und einfrieren.

Deckmasse
- 85 g Staubzucker
- 125 g Eigelb
- 125 g Eiklar
- 30 g Kartoffelstärke
- 125 g Staubzucker
- 140 g Mandelgrieß
- 75 g Mehl
- 30 g Butter, flüssig, etwa 45 °C

Staubzucker und Eigelb aufschlagen. Eiklar, Kartoffelstärke und Staubzucker gemeinsam zu Schnee schlagen. Die leichte Eiklarmasse unter die schwere Eigelbmasse ziehen, Mandelgrieß und das gesiebte Mehl vorsichtig unterheben. Zum Schluss die flüssige Butter vorsichtig einarbeiten.
Diese Masse dünn auf die vorbereitete noch tiefgefrorene Dekorkapsel auftragen und backen.
Temperatur: 220 °C
Backzeit: 6 bis 8 Minuten

Dekorkapsel, rationell

Schablone (Weiss Decor) mit dem entsprechenden Dekor mit einer dünnen Schicht der handwerklichen Deckmasse bestreichen oder die Schnellmasse von Kessko (Torte Royale) aufstreichen und backen.

Mandelbiskuitkrustade

270 g	Eiklar
150 g	Zucker
1	Prise Salz
240 g	Eigelb
250 g	Marzipanrohmasse
	Zitronenschale, abgerieben
150 g	Mehl
90 g	gehobelte Mandeln

Eiklar, Zucker und Salz aufschlagen. Eigelb, Marzipanrohmasse und Zitronenschale im zweiten Kessel aufschlagen. Die leichte Eiklarmasse unter die Eigelbmasse unterheben und das Mehl einmelieren.
Auf Bleche mit Backpapier aufstreichen, die gehobelten Mandeln gleichmäßig aufstreuen und backen.
Temperatur: 220 °C
Backzeit: etwa 12 Minuten

Tipp
Aus diesem Mandelbiskuit lassen sich mit etwas Phantasie auch andere Dekore herstellen. Durch Aufstreuen von Schokoladenflocken, Ananasstückchen, Nüssen, Kokosflocken, Orangenfilets und vielem mehr können die zum Dessert passenden Biskuitkapseln gebacken werden.

Backprogramm

Schokoladenkapsel

- 300 g Eiklar
- 200 g Zucker
- 1 Prise Salz
- 300 g Eigelb
- Zitronenschale, abgerieben
- 130 g Mehl
- 60 g Kakaopulver

Eiklar mit Zucker und Salz aufschlagen. Eigelb mit Zitronenschale aufschlagen. Das geschlagene Eiklar unter die Eigelbmasse heben. Mehl und Kakaopulver versieben und vorsichtig einmelieren.
Auf Bleche mit Backpapier aufstreichen und backen.
Temperatur: 220 °C
Backzeit: etwa 12 Minuten

Etwa Ø 5 cm starke Royalerollen herstellen und einfrieren.

Royale-Biskuitkapsel

- 120 g Eigelb
- 20 g Zucker
- 2 g Salz
- 180 g Eiklar
- 100 g Zucker
- 60 g Kartoffel- oder Weizenstärke

Die Royalemasse ist eine klassische 2-Kessel-Masse. Das Eigelb mit 20 g Zucker und Salz im ersten Kessel aufschlagen, das Eiklar mit den 100 g Zucker im zweiten Kessel. Das geschlagene Eiklar sowie die Kartoffel- oder Weizenstärke unter die Eigelbmasse melieren. Auf Blech mit Backpapier dünn aufstreichen und heiß backen.
Temperatur: 220 °C
Backzeit: etwa 8 Minuten

Nach dem Auskühlen die Haut entfernen und eine dünne Schicht rotes Gelee aufstreichen.

Haselnussbaiserboden

- 100 g Eiklar, pasteurisiert
- 200 g Zucker
- 1 Prise Salz
- Zitronensaft
- 5 g Kartoffel- oder Weizenstärke
- 45 g Haselnüsse, geröstet, gemahlen

Eiklar, Zucker, Salz und Zitronensaft zu Schnee schlagen. Gesiebte Kartoffel- oder Weizenstärke zusammen mit den Haselnüssen einrühren.

Mit einem Spritzbeutel Böden dressieren und bei 100 °C über Nacht im Backofen trocknen lassen.

Tipp
Baiserböden vor dem Weiterverarbeiten immer mit flüssiger Kuvertüre an der Oberseite isolieren.

Blätterteig

1000 g	Weizenmehl, Type 405 oder 550
700 g	Wasser
20 g	Salz
1000 g	Butter
200 g	Mehl

Das Weizenmehl sieben, mit Wasser und Salz zu einem Teig verkneten. Mit der Hand oder Maschine so lange kneten, bis er homogen und elastisch ist. Eine Kugel formen und diese kreuzförmig einschneiden, damit der Teig entspannen kann. Zwischenzeitlich Butter und Mehl verkneten, zu einem etwa 3 cm starken Block formen und kalt legen.

Um einen Blätterteig herzustellen, werden die Teige miteinander verschichtet, in der Konditorensprache getourt. Zwei einfache und zwei doppelte Touren werden benötigt. Bei deutschem Blätterteig wird das Fett in den Teig eingerollt. Hierzu werden die Enden der eingeschnittenen Teigkugel mit einem Rollholz nach außen gerollt, und das Fett wird mittig platziert. Die Enden werden hochgeschlagen, festgedrückt und mit dem Rollholz ausgerollt.

Teig und Arbeitsfläche werden mit Mehl bestreut, der Teig wird etwa 2 cm dick ausgerollt und eine einfache Tour gelegt. Das rechte Drittel auf das mittlere und das linke darüber.

Nochmals ausrollen für die doppelte Tour. Jetzt die rechte Seite auf ein Fünftel falten, die linke Seite daran legen und nochmals doppelt schlagen. Nach etwa 60 Minuten Ruhezeit dieses Eintouren nochmals wiederholen, und der Blätterteig ist fertig.

In Folie verpackt, kann dieser einige Tage im Kühlhaus aufbewahrt werden.

Brickteig

200 g	Mehl
10 g	Salz
120 g	Wasser
5 g	Weinessig (10 % Säuregehalt)

Mehl und Salz vermischen. Wasser zugeben, bis ein zäher Teig entsteht. Essig zugießen und gut verkneten. 30 Minuten in Folie ruhen lassen.

Kuvertüre/Schokolade

Was ist Schokolade? Was ist Kuvertüre?

Schokolade ist eine Zubereitung aus Kakaomasse, weißem Zucker und Geschmacksstoffen. Diese Zutaten werden miteinander vermischt und conchiert, das heißt über mehrere Tage in flüssigem Zustand ständig bewegt.

Kuvertüre (franz. cuvert = überzogen, überdeckt) ist dünnflüssiger als Schokolade. In erstarrtem Zustand ist sie „knackiger" als Schokolade und eignet sich zum Überziehen. Kuvertüre hat einen Kakaobutteranteil von mindestens 35 Prozent.

Wie wird Schokolade temperiert?

Die Schokolade zerkleinern und im Wasserbad (etwa 45 °C) schonend auflösen. Es gibt zwei Möglichkeiten, Schokolade zu temperieren.

Etwa die Hälfte der aufgelösten Schokolade auf eine kühle Marmor- oder Edelstahlplatte gießen und mit einer Winkelpalette kalt streichen. Diesen Vorgang nennt man Tablieren. Beginnt sie zu stocken, wieder dem anderen Teil zugeben, gründlich miteinander verrühren und auf maximal 31 °C erwärmen.

Die Endtemperatur richtet sich allerdings nach der Sorte der Schokolade. Dunkle Schokolade wird bei 31 °C, helle Schokolade bei 30 °C und weiße Schokolade bei 29 °C verarbeitet.

Bei kleineren Mengen wird die Schokolade durch so genanntes Impfen temperiert. Hierbei werden dünne Schokoladenspäne in die warme Masse gerührt, um diese abzukühlen. Nach dem Heranführen an den Erstarrungspunkt wird auch diese wieder auf die entsprechende Temperatur erwärmt.

Sollte einer der vorgezeigten Punkte nicht korrekt eingehalten worden sein, so wird die Schokolade in erstarrtem Zustand grau und hat keinen Glanz, oder sie zieht nicht an. Dann muss das Temperieren wiederholt werden.

Temperieren von Kuvertüre

Traditionelle Art
- Schmelzen im Wasserbad
- Tablieren auf der Granitplatte
- Erwärmen auf die Endtemperatur
- Probe und Temperaturmessung

Temperieren in der Kombimaschine
- Einfüllen
- Schmelzvorgang
- Entnahme mit Temperaturanzeige

Verarbeitung für diverse aufgestrichene Dekors

Auf Schablonen aufstreichen

In Schokoladenformen mit Firmenemblemen

Schokoladencups
Die temperierte Kuvertüre in entsprechende Formen gießen, gut ausklopfen und erstarren lassen. Anschließend die Schokocups vorsichtig herausklopfen.

Basics — Kuvertüre/Schokolade

Kuvertüre/Schokolade

Nachfolgend wird die rationelle Herstellung von Schokoladendekoren beschrieben. Die Schokolade muss nicht temperiert werden. Die Verarbeitungstemperatur sollte etwa 35 °C betragen. Als Werkzeug werden verschiedene Winkelpaletten, Messer, ein Lineal und eine Marmorplatte benötigt. Die Marmorplatte in der Tiefkühlung kühlen. Gelegentlich ist sie mit Küchenkrepp einzuölen. So ziehen die Dekore schnell an und lassen sich problemlos entnehmen.

Schokoladenspaghetti
Schokolade in eine Spritztüte füllen und Streifen auf die Marmorplatte spritzen. Die Enden sofort abschneiden und die Spaghetti unverzüglich mit einem Spachtel von der Platte lösen. Die Spaghetti sind für kurze Zeit formbar. Während dieser Zeit zusammenlegen.

Schokoladengitter
Schokolade in eine Spritztüte füllen und ein Gitter auf die Marmorplatte spritzen. Sofort mit einem leicht erwärmten Stechring ausstechen und von der Marmorplatte lösen.

Schokoladenbänder
Schokolade dünn auf die Marmorplatte streichen. Mit Lineal und kleinem Messer Streifen schneiden. Gleich entnehmen und in Form legen.

Schokoladenröllchen
Schokolade dünn auf die Marmorplatte aufstreichen. Mit einem Spachtel Röllchen schieben.

Schokoladenfächer
Ein einfaches Hilfsmittel ist die Girolle. Hiermit lassen sich leicht und effektiv Schokofächer herstellen.

Schokoladendekors
Die Palettenspitze einseitig in die Schokolade tauchen und auf die Marmorplatte streichen.

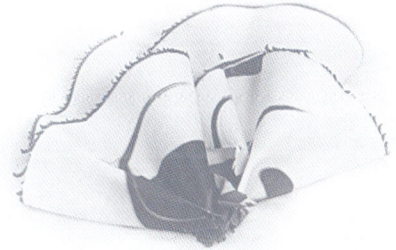

Basics
Kuvertüre/Schokolade

Zucker

Zuckersirup/Läuterzucker
500 g Zucker mit ½ Liter Wasser 1 Minute kochen. Das Thermometer zeigt 102 °C, es wird mit der Zuckerwaage gemessen, heiß: 28 °Bé, kalt: 30 bis 32 °Bé. Die Menge ergibt etwa 80 cl. Ein Universalsirup für Eis, Sorbets, Salatsaucen; er hat die ideale Dichte, um auf Vorrat gehalten zu werden.

Schwacher Faden
500 g Zucker mit ¼ Liter Wasser bis 104 °C kochen. Für die Gegenprobe Zeigefinger und Daumen mit Wasser anfeuchten und vom Kochlöffel etwas Sirup abnehmen. Beim schnellen Öffnen und Schließen der Finger entsteht ein kurzer Faden. Wird die Masse bis 108 °C weitergekocht, lässt sich ein langer Faden ziehen. Dieser hoch konzentrierte Sirup wird für Kompott und Konfitüre verwendet.

Flug
500 g Zucker mit ¼ Liter Wasser bis 112 °C kochen. Probe: Durch eine kleine Drahtschlinge (Rouladennadel oder Büroklammer), die kurz in den Sirup getaucht wird, bläst man vorsichtig. Es sollen kleine Bläschen entstehen. Wird bis 114 °C weitergekocht und bläst man kräftig durch, sollen große bzw. zusammenhängende Blasen entstehen. Dieser Grad wird starker Flug genannt. Wird für Fondant und italienische Meringue verwendet.

Ballen oder Kugel
500 g Zucker und ¼ Liter Wasser bis zu einer Temperatur von 116 bis 118 °C kochen. Die Probe: Daumen und Zeigefinger in Eiswasser anfeuchten, etwas Zuckersirup vom Kochlöffel nehmen und sofort in das Eiswasser tauchen. Der Zucker muss sich leicht zu einer Kugel rollen lassen. Wird für italienische Meringue und Buttercreme verwendet.

Bruch
500 g Zucker mit ⅛ Liter Wasser bis 140 °C kochen. Wird etwas Zucker in Eiswasser gegossen, muss er sofort fest werden, bleibt aber etwas klebrig. Bei höherem Erhitzen wird der Bruch immer härter. Bei 153 bis 155 °C bricht er wie Glas und klebt nicht mehr. Zum Bruch gekochter Zucker wird zum Glasieren von Früchten, für Spinnzucker sowie zum Gießen und Ziehen von Dekorationen verwendet.

Karamell
500 g Zucker mit 8 cl Wasser kochen. Ab 160 °C fängt der Zucker an zu bräunen und kann, je nach Verwendungszweck, dunkler gekocht werden, und zwar bis etwa 180 °C. Als heller Karamell wird er für Krokant und zum Überziehen von Gebäck (Windbeutel), etwas dunkler für Crème Caramel verwendet. Für Karamell kann Zucker auch ohne Wasser geschmolzen werden. Unter ständigem Rühren etwa ⅓ der Zuckermenge schmelzen, den Rest dann darin nach und nach auflösen.

Dekor

Spinnzucker (Engelshaar)

- 200 g   Zucker
- 100 ml Wasser
- 50 g   Glucosesirup

Alle Zutaten auf 150 °C erhitzen und etwas abkühlen lassen, bis eine leicht zähflüssige Karamellmasse entsteht. Zwei Gabeln in den halbfesten Karamell tauchen und dann über einem Roll- oder Nudelholz aus etwa 50 cm Höhe sehr schnell hin- und herschwenken.

Basics
Zucker

Zucker

Zuckerscherben

Den gekochten Zucker hauchdünn auf eine Silpatmatte gießen. Mit einer zweiten Silpatmatte bedecken und mit einem Rollholz hauchdünn ausrollen.

Silpatmatte abziehen.

Zuckerplatte in Scherben brechen.

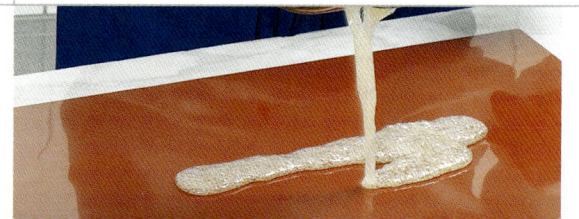

Zuckertropfen oder Zuckerfaden
Den gekochten Zucker auf eine Silpatfolie schütten, etwas abkühlen lassen und einen dünnen Faden oder Tropfen herausziehen, abstrakt formen und erkalten lassen.

Zuckerspirale
Wie zuvor einen Faden ziehen und diesen sofort um ein Rundholz oder um eine entsprechende konische Form wickeln, daran erkalten lassen und abnehmen.

Zuckerkuppel

Schöpfkelle in den Zucker tauchen.

Den Zucker anziehen lassen und vorsichtig abheben.

Background

Eistorten und Eisbomben

Die oben genannten Fachausdrücke beziehen sich in der Regel lediglich auf die Form, in der das Endprodukt angerichtet wird.
Die Herstellung kann auf unterschiedlichste Art und Weise erfolgen.
Normalerweise handelt es sich um die Verarbeitung von Parfaits in verschiedenen Geschmackskompositionen. Doch auch Cremeeis, Milcheis, Fruchteis oder ein Sorbet kann hierzu verwendet werden.
Als eine der bekanntesten Eisspeisen kann man wohl das so genannte Fürst-Pückler-Eis bezeichnen.
Es kann aus Parfait oder aus Ganzeis bestehen. Charakteristisch sind die drei Farben dieser Eiskreation: Schwarz, Weiß und Rot.
Bei der Herstellung wird darauf geachtet, dass das schwarze Parfait immer unten ist, das weiße Parfait sich in der Mitte befindet und das rote Parfait immer die Oberfläche bildet.
Der Kreativität sind bei der Herstellung von Parfaits keine Grenzen gesetzt. Wenn einmal eine Grundrezeptur vorhanden ist, so können sämtliche Früchte, Longdrinkmixturen, Gemüse, Gewürze und Ölsamen als Geschmacksinspiration genutzt werden.
Gerne wird in der Eiskonditorei in eine Form auch ein Mantel aus normalem Speiseeis eingestrichen, der anschließend mit einem geschmacklich abgestimmten Parfait gefüllt wird.

Begriffsbestimmungen und Herstellungsanforderungen

Speiseeis ist eine durch einen Gefrierprozess bei der Herstellung in einen festen oder pastenartigen Zustand, zum Beispiel Softeis, gebrachte Zubereitung, die gefroren in den Verkehr gebracht wird und dazu bestimmt ist, in diesem Zustand verzehrt zu werden; im aufgetauten Zustand verliert Speiseeis seine Form und verändert sein bisheriges Gefüge. Speiseeis wird insbesondere hergestellt unter Verwendung von Milch, Milcherzeugnissen, Ei, Zuckerarten, Honig, Trinkwasser, Früchten, Butter, Pflanzenfetten, Aromen und färbenden Lebensmitteln. Abhängig von der jeweiligen Speiseeissorte und dem Geschmack werden auch andere Zutaten verwendet.
Bei Herstellung von Eiskrem, Fruchteiskrem, Einfacheiskrem und Eis mit Pflanzenfett werden die Ansätze pasteurisiert und homogenisiert. Nicht pasteurisierbare Zutaten werden den Ansätzen dieser Sorten erst nach der Pasteurisierung zugesetzt. Rücklauf von Ansätzen oder von Speiseeis wird erst nach erneutem Pasteurisieren wiederverwendet.

Speiseeis wird auch in Kombination mit anderen Lebensmitteln, zum Beispiel Fruchtsaucen, Überzügen, Spirituosen und Waffeln, und in verschiedenen Angebotsformen wie Sandwicheis, Eishörnchen oder Eistorte in den Verkehr gebracht.
Halberzeugnisse für Speiseeis sind Zubereitungen, die zur Herstellung von Speiseeis, nicht jedoch zum unmittelbaren Verzehr, bestimmt sind.

Milch und Milcherzeugnisse

Milch

Standardisierte Vollmilch, Milch mit natürlichem Fettgehalt. An Stelle von Vollmilch werden außer Rohmilch auch andere Milchsorten oder Milcherzeugnisse, auch eingedickt oder getrocknet oder mit spezifischen Mikroorganismen fermentiert (z. B. Sauermilch, Joghurt, Kefir), in einer Menge verwendet, die an Milchfett und fettfreier Trockenmasse dem Gehalt an Vollmilch entspricht.

Sahne

Mit mindestens 10 Prozent Milchfett oder entsprechenden Mengen eingedickter oder getrockneter Sahneerzeugnisse.
Bei den handwerklich hergestellten Eissorten werden ausschließlich der Milch entstammendes Fett, Eigelb und/oder Eiklar verwendet. Hierbei bleiben natürlicherweise in geschmacksgebenden Zutaten vorhandenes Fett und Eiklar unberücksichtigt.

Ei – Vollei
Vollei im Sinne dieser Leitsätze ist die aus dem Inhalt frisch aufgeschlagener Hühnereier mittleren Gewichts (50 g) gewonnene Eimasse oder handelsüblich pasteurisiertes Vollei mit einem Trockenmassegehalt von mindestens 24 Prozent.
Bei Verwendung von Eiern anderer Gewichtsklassen wird ein etwaiger Mangel an Eigelb ausgeglichen. Vollei wird auch in getrockneter oder tiefgekühlter Form verwendet.

Eigelb
Eigelb im Sinne dieser Leitsätze ist das aus dem Inhalt frisch aufgeschlagener Hühnereier abgetrennte Eigelb oder handelsübliches pasteurisiertes Eigelb mit einem Trockenmassegehalt von mindestens 50 Prozent. Ein Mangel an Eigelb infolge unzureichender Abtrennung von Eiklar wird ausgeglichen. Eigelb wird auch in getrockneter oder tiefgekühlter Form verwendet.

Früchte
Essbarer Anteil von Früchten, auch zerkleinert, Fruchtzubereitungen, Fruchtmark und Fruchtsaft. Diese Erzeugnisse werden auch in eingedickter, tiefgekühlter oder getrockneter Form verwendet.

Aromen
Zur Herstellung von Speiseeis werden Aromen nach Maßgabe der Aromenverordnung verwendet.

Färbende Lebensmittel
Die Verwendung färbender Lebensmittel einschließlich der Auszüge aus Lebensmitteln pflanzlicher Herkunft ist üblich.

Zuckerarten
Zuckerarten im Sinne dieser Leitsätze sind alle verkehrsüblichen Zuckerarten.

Speiseeis und Speiseeishalberzeugnisse

Farbstoffe
Es dürfen Farbstoffe nach Maßgabe der Zusatzstoff-Zulassungsverordnung verwendet werden. Die Verwendung von Stoffen mit stabilisierender, verdickender oder emulgierender Wirkung ist üblich.

Speiseeissorten
Die unter den nachfolgenden Verkehrsbezeichnungen in den Verkehr gebrachten Speiseeissorten entsprechen mindestens den dort genannten Anforderungen. Sämtliche Prozentangaben beziehen sich auf das Gewicht.

Kremeis, Cremeeis, Eierkremeis, Eiercremeeis
Kremeis, Cremeeis, Eierkremeis, Eiercremeeis enthält mindestens 50 Prozent Milch und auf 1 Liter Milch wenigstens 270 g Vollei oder 90 g Eigelb. Es enthält kein zusätzliches Wasser.

Fruchteis
In Fruchteis beträgt der Anteil an Frucht mindestens 20 Prozent. Bei Fruchteis aus Zitrusfrüchten, anderen sauren Früchten mit einem titrierbaren Säuregehalt im Saft von wenigstens 2,5 Prozent, berechnet als Zitronensäure, beträgt der Anteil an Frucht mindestens 10 Prozent.

Rahmeis, Sahneeis (Fürst-Pückler-Eis)
Rahmeis, Sahneeis enthält mindestens 18 Prozent Milchfett aus der bei der Herstellung verwendeten Sahne (Rahm).

Milcheis
Milcheis enthält wenigstens 70 Prozent Milch.

Eiskrem, Eiscreme
Eiskrem, Eiscreme enthält mindestens 10 Prozent der Milch entstammendes Fett.

Background

Fruchteiskrem, Fruchteiscreme
Fruchteiskrem, Fruchteiscreme enthält mindestens 8 Prozent der Milch entstammendes Fett und einen deutlich wahrnehmbaren Fruchtgeschmack.

(Frucht-)Sorbet
In (Frucht-)Sorbet beträgt der Anteil an Frucht mindestens 25 Prozent.
Bei Sorbets aus Zitrusfrüchten oder anderen sauren Früchten mit einem titrierbaren Säuregehalt im Saft von wenigstens 2,5 Prozent, berechnet als Zitronensäure, beträgt der Anteil an Frucht mindestens 15 Prozent. Milch oder Milchbestandteile werden nicht verwendet.

Wassereis
Wassereis muss einen Trockenmassegehalt von mindestens 12 Prozent aufweisen.

Bei Verwendung von Pflanzenfetten muss die Deklaration mit dem Zusatz: EIS mit …geschmack erfolgen.

Verschiedene Abgrenzungen und Unterscheidungen

Unterschiede der Eisarten
Speiseeis wird nach verschiedenen Herstellungs- und Gefrierverfahren unterteilt.

Ganzeis
Zum Ganzeis zählen Eissorten, die in der Eistrommel gefroren werden.
Hierzu wird eine Eismaschine benötigt, die entweder auf vertikaler, horizontaler oder diagonaler Art und Weise den Speiseeismix zum Gefrieren bringt.
Während des Gefriervorgangs wird der zunächst noch flüssige Eismix an die Wand der sich drehenden Trommel geschleudert und friert in einer dünnen Schicht an. Ein Abstreifer (Spatel) nimmt diese Schicht ständig wieder ab und vermischt sie mit der übrigen Eismasse. Dieser Vorgang wiederholt sich, bis das Speiseeis die entsprechende Festigkeit hat.

Durch die Kälteeinwirkung und die Geschwindigkeit des Rührwerks in der Eistrommel werden die sich bildenden Eiskristalle so fein verrieben, dass sie als solche beim Verzehr im Mund nicht mehr wahrgenommen werden. Das Eis ist cremig und glatt.
Dies ist einer der Hauptgründe, warum gerade frisches Ganzeis so ausgezeichnet schmeckt. Bei längerer Aufbewahrung in der Eisvitrine können sich wieder größere Eiskristalle bilden, die dem Ganzeis eine raue Beschaffenheit geben und es auf diese Weise im Geschmack stark beeinträchtigen.
Die Zugabe von Eisbindemitteln (Stabilisator und Emulgator) verzögern diesen Prozess stark.

Eiskrem (laut Lebensmittelgesetz)
Eiskrem ist ein Speiseeis, das auf besondere Art durch Pasteurisieren, Homogenisieren und anschließender Reifung bei niedriger Temperatur und Gefrieren hergestellt wird.
Eiskrem wird fast ausschließlich von der Industrie produziert.

Softeis
Darunter versteht man ein Speiseeis, das in speziellen Automaten auf besondere Art gefroren wird. In der Softeismaschine wird das Eis bereits bei Temperaturen zwischen −5 °C und −7 °C abgezapft. Bei dieser Temperatur hat das Eis den hohen Aufschlag, der es so cremig und schmackhaft macht.
Die Softeisrezepturen weisen außer dem für gewöhnlich niedrigeren Zuckergehalt keine Unterschiede zu den übrigen Ganzeisarten auf.
Grundsätzlich kann jede ausgewogene Milch- oder Cremeeisrezeptur unter Abzug von 7 Prozent Zuckergehalt zur normalen Zuckermenge von 20 Prozent verarbeitet werden.
Zur Herstellung von Softeis eignen sich die Ganzeissorten wie Cremeeis, Fruchteis, Milcheis und Wassereis.

Halbeis
Das so genannte Halbeis wird nicht in einer Speiseeismaschine gefroren. Die Herstellung ähnelt sehr

stark der Zubereitung von Sahnetorten auf klassische Art.

Bei uns als Parfait bekannt und in der Regel unter die gesetzliche Bestimmung „Sahneeis" eingeordnet, ist diese Eisart für jedermann einfach und ohne großen Geräteaufwand herzustellen.

Unter Sahneeis versteht der Gesetzgeber Eisspeisen, die zu 60 Prozent aus geschlagener Sahne bestehen und im Tiefgefrierschrank zum Erstarren gebracht werden. Zusatz von Farbe ist nicht erlaubt. Bindemittel und natürliche Geschmacksstoffe dürfen eingesetzt werden.

Die Formen oder Ringe müssen den gesetzlichen Bestimmungen entsprechen, das heißt, sie dürfen nicht oxidieren und müssen vorgekühlt werden.

Das Halbeis ist auch unter den Namen Demi-Glace, Semi-freddo oder Halbgefrorenes bekannt.

Bei der Herstellung von Halbeis werden die Grundzutaten, in der Regel bestehend aus Sahne, Eiern und Zucker, schaumig geschlagen. Die auf verschiedene Weise abgeschmeckte Masse wird dann in diversen Formen oder Ringen im Tiefkühler eingefroren.

Der Zucker- oder ein vorhandener Alkoholgehalt verhindert das komplette Gefrieren des Parfaits. Nach kurzer Antauzeit soll das Produkt einen zart schmelzenden, aber nicht grob splittrigen Charakter aufweisen.

Unter die vorgenannte Kategorie fallen auch sämtliche Fruchtmousses und Eisaufläufe aller Art, mit denen wir uns in den einzelnen Kapiteln bereits beschäftigt haben.

Parfait
Parfait ist der Sammelbegriff für gefrorene süße Schaumspeisen, die mit unterschiedlichen Schaummassen hergestellt werden. Bezeichnungen wie Biskuiteis oder Soufflé-Glace lassen keine eindeutigen Rückschlüsse auf die Grundmasse zu. Die Zutaten, der Service und die betrieblichen Gegebenheiten sind entscheidend, welche Grundmasse für das jeweilige Produkt ausgewählt wird. Es gibt aber einige Bezeichnungen für Halbgefrorenes, die aussagen, welche Viskosität die Basismasse hat oder wie sie hergestellt wurde.

Beispiel
Italienische Herstellung bedeutet mit gekochtem Zucker.

Zabaione sagt, dass die Grundmasse über einem Wasserbad aufgeschlagen wird. Früher war es eine große Kunst, einen standfesten Schaum mit der Hand aufzuschlagen. In der heutigen Zeit werden Maschinen zum Herstellen der Schäume benutzt.

Es geht nicht schneller, aber die Qualität und die Standfestigkeit sind per Handarbeit nicht erreichbar. Eine gute Küchenmaschine ist für den kleinen Betrieb bestens geeignet. Ein Handmixer sollte nur als Ersatz dienen. Eine Maschine bedeutet Sicherheit, gleich bleibende Qualität und in jedem Fall aber mehr „standfestes Volumen".

Eiweißschäume, die mit gekochtem Zucker oder Fruchtläuterzucker aufgeschlagen werden, sind ohne Rührgerät nicht machbar.

Handarbeit ist nur bei sehr wenigen Grundmassen möglich, wie bei Zabaione und Bayerischer Creme.

Ein gutes Parfait hat viel Volumen, ist zart schmelzend, sehr cremig und leicht.

Nur frische oder pasteurisierte Eier sollten für Parfaits benutzt werden. Verpackungen mit pasteurisiertem Ei sollten stets sofort komplett verarbeitet werden. Geschmackszutaten sollten fertig vorbereitet und abgeschmeckt sein, um unnötiges Rühren in der Masse zu vermeiden. (Zerstört den Eischaum und die geschlagene Sahne.) Die Sahne sollte erst unmittelbar vor dem Gebrauch aufgeschlagen oder dem Sahneautomaten entnommen werden.

Parfaitmassen werden immer in einem Kessel (Halbkugelform) mit einem feinen Schneebesen vorsichtig gemischt.

Aufgeschlagene Schäume verlieren ihre Standfestigkeit in sehr kurzer Zeit. Aus diesem Grund müssen sie unmittelbar nach der Fertigstellung verarbeitet, in vorgekühlte Formen gefüllt und eingefroren werden.

Background

Tipp
Für alle Parfaitmassen gilt das Gleiche: Schäume, die fertig aufgeschlagen sind, müssen sofort verarbeitet werden, da sie sehr schnell wieder ihre Bindung verlieren und zusammenfallen.

Fehler
Sahne, die schon einige Zeit in der Wärme steht, setzt schnell ab, der Eischaum fällt zusammen, und statt einer standfesten Mischung erhält man ein halbflüssiges Gemisch. Dieses Produkt gefriert zudem noch hart und grob splitterig aus.
Mit einem Fettanteil von über 38 Prozent hat die Sahne zu wenig Volumen, das Parfait würde sehr schwer und sehr hart ausfrieren.
Die Keimvermehrung durch die Wärme kann gesundheitsgefährdend sein.

Welche Zutaten werden für ein Parfait benötigt?
Eiklar, Eigelb, Vollei oder eine Mischung von diesen Produkten:
- als Zabaione oder Weinschaum
- als Bavaroise oder Sauce Anglaise
- ausgewogene Geschmackszutaten
- Likör, Wein und Spirituosen
- frische und/oder kandierte Früchte
- Schlagsahne mit 30 bis 38 Prozent Fettgehalt

Die ursprünglichste und bekannteste Art ist das Mokkaparfait, es wurde bereits vor über 250 Jahren an europäischen Fürstenhöfen erwähnt.

Gelatinezugabe
Gelatine wird Parfaitmassen oft zugesetzt, um ein Absetzen der Masse zu verhindern.
Erreicht wird durch die Zugabe von Gelatine jedoch meistens das Gegenteil. Gelatine ist ein Kollagen, also ein Eiweißkörper, der die Eigenschaft hat, Eischäume zu zerstören.
Für die Praxis bedeutet dies, bei der Verwendung von Gelatine noch vorsichtiger alle Komponenten miteinander zu mischen.

Traditionelle Bezeichnungen und Herstellungsmethoden
Ursprünglich nur mit Eigelb, Zucker, Geschmackszugaben und Schlagsahne hergestellt, hat sich das Parfait im Laufe der Zeit immer weiterentwickelt.
Nur Eigelb als Grundbasisschaum hat verschiedene negative Auswirkungen auf die fertige Masse als auch auf das fertige Produkt.

Vorteil
Der Grundschaum kann manuell hergestellt werden. Die Masse sollte jedoch nur auf 45 bis 50 °C erwärmt werden, eventuell mit einer passenden Reduktion (wie bei einer Sauce hollandaise) aufgeschlagen werden.

Nachteile
Eigelb zerstört die Eiweißmembran der Schlagsahne, das Volumen geht durch viel rühren verloren, und die Masse setzt schnell ab.
Beim Gefrieren bilden sich dann große Wasserkristalle, das Parfait ist grob splitterig.
Für Früchteparfaits ist Eigelb nur bedingt geeignet, da der Eigelbgeschmack zu dominant ist.

Tipp
Immer „warm und kalt" aufschlagen, selten nur kalt aufschlagen.

Zabaione-Parfait
Eine über dem Wasserbad aufgeschlagene Weincreme.

Fruchtmousse-Parfait
Baiserschäume mit Fruchtläuterzucker.

Bavaroise-Parfait
Bayerische Creme als Basismasse.

Sauce-Anglaise-Parfait
Englische Cremesauce als Basismasse.

Der Spoom oder auch Schaumeis genannt
Der Spoom ist leider eine sehr vernachlässigte Eisvariante, die der Kenner in der Gastronomie schätzen gelernt hat.
Diese fast unbekannte Version ist eine Ableitung vom Sorbet und kann enorm vielfältig variiert werden. Geschmackvolle Kombination mit kräftigen weißen und roten Weinen, Sekt oder Champagner, aber auch mit diversen Cocktailkombinationen ist der Spoom eine Eisspeise von Format für jeden Liebhaber der gepflegten Nachspeise.
Der Spoom ist ein sehr schaumig gefrorenes Sorbet, mit einem Overrun von etwa 60 Prozent. Er lässt sich sehr gut eindressieren, ist formstabil im Glas und setzt nicht so leicht ab.
Beim Auftauen verliert dieses Produkt nur sehr langsam sein Volumen. Die Grundmasse ist sehr preiswert, die Bezeichnung des Spooms wird abgeleitet von der verwendeten Frucht und/oder vom verwendeten Cocktail.

Beispiel
Orangenspoom mit Cordon-Rouge-Rothschild-Rotweinspoom mit Champagner.

Neben vielen Phantasienamen kann auch ein gutes Cocktail- oder Barmixbuch hilfreich sein, denn in der heutigen Zeit ist es wichtig, „in" zu sein.

Wie wird aus Sorbet ein Spoom?
Je Kilo Sorbetmix wird 200 g italienische Baisermasse (Verhältnis 1 zu 2) zugegeben.
In eine 5-Liter-Maschine werden 2000 g Eismix und 400 g Baisermasse eingefüllt und ausgefroren.
Durch die hohe Zugabe an Baisermasse schäumt das Sorbetmix noch kräftiger auf. Spoom ist nicht geeignet, um Kugeln zu portionieren.
Ein guter Spoom gewinnt an Klasse durch den gut abgestimmten Zuguss, mit dem er im Sekt- oder Weinglas serviert wird. Er ist sehr vielseitig, kann mit alkoholfreiem, frischem Fruchtcocktail serviert werden oder mit einem passenden Longdrink aufgegossen sein. Noch attraktiver ist es, die Gläser mit Wein, Sekt oder Champagner aufzufüllen.

Beispiel
Limonenspoom mit Wodka abspritzen und mit Champagner auffüllen.
Der Spoom ist ein Dessert für die ganze Familie, da er mit und ohne Alkohol immer attraktiv gestaltet und angerichtet werden kann. Ein Schaumeis empfindet man beim Verzehr als nicht so kalt.

Roheis
Roheis ist in Form von Eiswürfeln, Eiskugeln, Eisstangen oder Eissplittern oder zum Kühlen von Getränken eingefrorenes Trinkwasser. Roheis hat mit dem Begriff Speiseeis nichts zu tun.

Trockeneis
Trockeneis ist reine Kohlensäure (H_2CO_2). Diese wird aus dem gasförmigen Zustand unter hohem Druck in einen festen Zustand überführt. Sie gibt zirka −78 °C an Kälte durch Verdampfen ab. Daher gibt es keine Flüssigkeitsabgabe und keine Rückstände. Da sie schwerer als Luft ist, sinkt sie zu Boden. Sie ist ungiftig, nicht brennbar und entwickelt viel Dampf bei Zugabe von heißem Wasser. Trockeneis darf lediglich mit Handschuhen berührt werden, da sonst große Erfrierungsgefahr besteht. Trockeneis kann von Kohlensäurefirmen bezogen werden.

Schnee-Eis
Besteht aus einer italienischen Baisermasse, Ölsamen, Früchten/Fruchtmark, Schokoladenprodukten und/oder diversen Spirituosen. Ein reines Eiweißparfait wie das Schnee-Eis eignet sich hervorragend als Grundschaum für alle frischen Fruchtpürees.
Der Baiserschaum wie auch die Schlagsahne nehmen der kräftigen Fruchtmischung nur wenig von ihrem Eigengeschmack. Der charakteristische Geschmack der jeweiligen Frucht wird deshalb nur unwesentlich beeinflusst.
Reine Eiweißparfaits sind in jeder Hinsicht neutral, denn auch der typische Farbton des jeweiligen Fruchtpürees bleibt erhalten. Dieses Parfait wird, außer bei der Cassata, nur sehr selten ohne Zugaben wie Fruchtsauce und/oder Fruchtdekor serviert.

Background

Ein großes Plus von diesem Halbgefrorenem ist, dass es beim Auftauen nicht breit läuft, sondern selbst nachdem es bereits aufgetaut ist, noch formstabil bleibt. Alle Parfaits, die Eigelb enthalten, laufen breit, sobald sie aufgetaut sind. Je mehr Eigelb ein Parfait enthält, umso stärker ist sein Breitlaufen bereits beim Antauen.
Dies ist jedoch nur eine sachliche Feststellung und sagt nichts über die Qualität aus.

Biskuit-Mousse = Schaumgefrorenes
Es soll eine biskuitartige Konsistenz haben, ist meist fettreich durch den hohen Eigelbanteil und muss einen sehr stabilen und gut mischbaren Schaum von großer Viskosität haben.
Der Schaum wird normalerweise mit zum Kettenflug gekochtem Zucker oder mit kochendem Läuter- oder Fruchtläuterzucker standfest auf- und kalt geschlagen. Einige Mousse-Glaces haben einen hohen Eigelb- und wenig Schlagsahneanteil. Sie werden aus diesem Grund immer mit zum Kettenflug gekochtem Zucker aufgeschlagen. Damit erreicht man ein höheres Volumen und eine bessere Mischbarkeit mit den anderen Komponenten.
Durch gekochten Zucker wird die Viskosität sehr verbessert.
Aus diesem Grund lässt sich, je nach Rezeptur, selbst bei Temperaturen um −25 °C die Mousse noch sehr gut portionieren und verzehren, denn die Kälte empfindet man bei dieser Mischung nicht so stark.
Geschmackszugaben sollten niemals direkt in den Schaum oder gar beim Aufschlagen mit in die Rührmaschine gegeben werden. Dieser wird dadurch sofort zerstört. Mit der geschlagenen Sahne wird immer eine kleine Vormischung zum Angleichen der Massen gemacht, um unnötigen Volumenverlust und ein Absetzen der Masse zu verhindern.

Soufflé-Glace = Eisauflauf
Dieser sollte traditionell als 2-Kessel-Masse aufgeschlagen werden. Er ist aber auch als 1-Kessel-Masse, wie Mousse-Glace hergestellt, von sehr guter Qualität. Das Eigelb und das Eiweiß werden mit zum Kettenflug gekochtem Zucker getrennt aufgeschlagen. Der Zucker wird zu $1/3$ dem Eigelb und zu $2/3$ zu dem Eiweiß gegeben. Immer die schwere Masse auf die leichte geben, um unnötig langes Bearbeiten der Masse zu vermeiden. Geschmackszugaben wie beim Biskuiteis mit etwas Sahne vormischen und dann vorsichtig mit einem Schneebesen unterheben.

Traditionelle Bezeichnungen für Eisspeisen

Fürst-Pückler-Eis
Hermann Fürst von Pückler-Muskau lebte von 1785 bis 1871 und war ein berühmter Gartenbaukünstler und Feinschmecker, er verfasste kulturgeschichtlich wertvolle Reiseberichte. Ein Lausitzer Konditormeister Namens Schultz widmete ihm das „Fürst-Pückler-Eis":
Schokolade − Schwarz mit Kuvertüre, gestoßenem Krokant, Rum.
Vanille − Weiß mit Mandelmakronen, Kirschwasser, eventuell kandierte Ananasstückchen.
Erdbeere − Rot mit gut abgeschmecktem Erdbeermark.

Omelette Surprise − Überraschungsomelette
Gefrorenes Ganzeis wird in eine gebackene Biskuitkapsel eingeschlagen. Mit Schaummasse oder Soufflémasse ganz eingestrichen, ausgarniert und im Ofen bei 280 °C abgeflämmt. Die Speise wird mit hochprozentigen Spirituosen übergossen und dem Gast brennend serviert.

Begriffserklärung Creme, Crème oder Krem
Schon in der klassischen französischen und Wiener Küche kannte man diese Begriffe und war in der Lage, einen leckeren „Nachtisch" zu kochen.
Bereits 1908 brachte der Apotheker Dr. August Oetker sein erstes „Pudding-Pulver" auf den Markt. Es findet bis zum heutigen Tage in fast jeder Küche Verwendung. Pudding ist in der deutschen und englischen Sprache ein anderes Wort für Krem.

Die Definitionen
Eine Mischung aus Milch, Zucker, Weizenstärke und Geschmacksträgern, die bis zur Bindung gekocht wird. Die Zugabe von Eiern, Eigelb und Sahne ist möglich.
Eine Mischung aus Milch, Sahne, Zucker, Eiern, Eigelb und Geschmacksträgern in eine Form gefüllt und im Wasserbad pochiert.
Eine Mischung aus Milch oder Wein, Zucker, Eigelb, Geschmacksträgern und Gelatine, nach dem Anziehen geschlagene Sahne unterziehen.
Schlagsahne, vermischt mit Fruchtpüree, Mokkapaste, Schokolade oder ähnlichen Zutaten.

Begriffserklärung Mousse
Die Herstellung einer Schokoladenmousse ist im Grunde das Gleiche wie das Schlagen von Sahne.
Sahne ist nichts anderes als Milch mit einem Fettanteil von mindestens 30 Prozent. Sie ist eine Emulsion vom Typ Öl in Wasser. Beim Schlagen der Sahne mischen sich viele kleine Luftbläschen in die Emulsion.
Zuerst lagern sich die natürlichen Emulgatoren der Milch, Molkenproteine und Kaseine an. Die Fettkügelchen sammeln sich an den Emulgatoren. So entsteht ein Lamellensystem von Luft, Wasser, Fett und Proteinen. Durch das Schlagen der Sahne wird die Hülle der Fettteilchen teilweise zerstört. So schließen sie sich zu größeren Teilen zusammen, verfestigen sich und stabilisieren so die Sahne.
Schokolade ist im Gegensatz zur Sahne eine Emulsion vom Typ Wasser in Öl. Eine wässerige Flüssigkeit muss zugesetzt werden, um eine Öl-in-Wasser-Emulsion wie Sahne zu bekommen.
Durch Schmelzen von Schokolade in Wasser oder anderer Flüssigkeit, zum Beispiel Spirituosen, Kaffee oder Fruchtsaft, wird dies erreicht.
Nach dem Abkühlen der Masse kann diese wie Sahne aufgeschlagen werden. Das Schlagen führt dazu, dass sich Luftbläschen bilden, um die sich dann das Lamellensystem des Schaums aufbaut. Es fehlt der natürliche Emulgator, der in der Sahne enthalten ist. Aus diesem Grund wird Gelatine hinzugegeben. Gelatine ist ein Protein mit ganzflächigen Eigenschaften, wie viele andere Lebensmittelemulgatoren auch. Die Gelatine gewährleistet die gleichmäßige Verteilung von Fett- und Wassermolekülen in der Masse. Zusätzlich stabilisiert sie den Schaum, weil sie beim Erkalten erstarrt.
Um eine schwere Mousse herzustellen, werden Ei und Sahne vor dem Erstarren zugesetzt.

Präsentationsmaterial

Es ist ratsam, einen Fundus von Präsentationsmaterialien aufzubauen, auf die bei Bedarf Zugriff genommen werden kann.
- Verschieden hohe Sockel oder Unterbauten, um Platten in verschiedenen Höhen präsentieren zu können. Farbige Tücher, um diese zu verdecken.
- Etagenständer, um Aufbauten herzustellen.
- Floristisches Material wie Reisig, Seidenblumen und Trockengestecke.

Dekorationsmaterial zu verschiedenen Anlässen
- Ostern, Advent, Erntedank, Hochzeit, Silvester, Strandparty, Spargelzeit oder andere Aktionen.
- Verschiedene Beleuchtungskörper und Kerzenständer.
- Alte Waffeleisen, Spekulatiusbretter usw.

Diese Liste erhebt in keinem Fall den Anspruch auf Vollständigkeit, sie soll anregen, stets die passende Präsentation zu wählen.

Zubehör

Technisches Zubehör für die Produktion

Digitalwaage
Eine exakt funktionierende Digitalwaage ist eine der wenigen Grundvoraussetzungen für das Gelingen jeder Rezeptur.

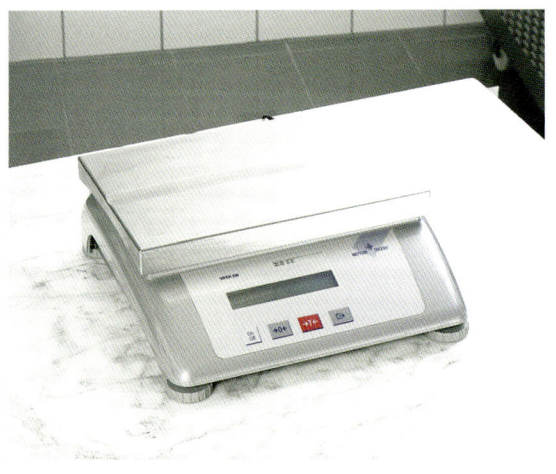

Kombigerät
Das Kombigerät von Bravo zur Herstellung von Speiseeis, Sorbets, Cremes, Füllungen, Kuvertüre und Konfitüren.

Sahneautomat
Der Vaihinger Sanomat verbindet die optimale Schlagsahne mit einfacher und sicherer Reinigung im Durchspülverfahren sowie dem bewährten Bag-in-Box-System von Friesland Madibic.

Rühr- und Schlagmaschine
Zum perfekten, kraftsparenden Aufschlagen.

Portionierspüle
Eisportionierer mit Zählwerk
Der praktische und innovative Eisportionierer mit Zählwerk von Viluca im Einsatz. Er zählt digital und genau die portionierten Eiskugeln.

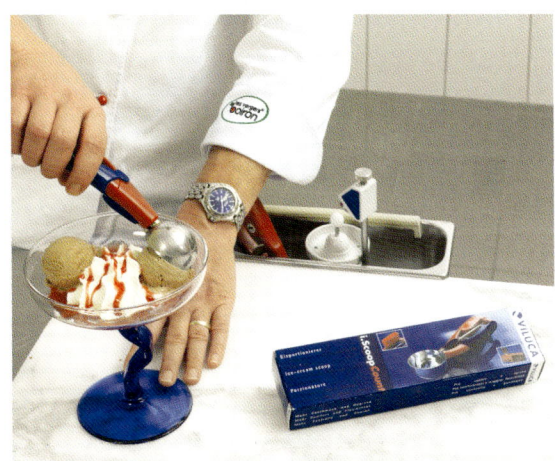

Die passende Duschanlage von Viluca hilft nicht nur Wasser sparen, da sie lediglich auf Druck arbeitet, sie hat auch sehr hygienische Vorteile. Die Klopfkante erübrigt das vielfach keimbelastete Schwammtuch. Das verschmutzte Wasser kann direkt abfließen.

Zubehör

Arbeitsmaterialien

Zum Einsatz kommen sämtliche in Küche und Konditorei normalerweise benutzten Handwerkszeuge:

① Kunststoffform
② Silikonformen
③ Schokoladenauflöser
④ Fürst-Pückler-Form
⑤ Tartufo-Stempel
⑥ Fülltrichter
⑦ Messbecher
⑧ Formringe und Einleger
⑨ Tortenmesser
⑩ Palette
⑪ Eisspachtel
⑫ Messerset
⑬ Schneebesen
⑭ Timbale-Förmchen
⑮ Refraktometer
⑯ Zählwerk für Eisportionierer
⑰ Eisportionierer
⑱ Reibe
⑲ Apfelausstecher
⑳ Apfelschäler
㉑ Kugelausstecher
㉒ Zestenreißer
㉓ Teighörnchen
㉔ Stabmixer

Bezugsliste

- Teller — WMF
- Dekorkapsel rationell — *Weiss Decor*
- Aufstreichschablone — *Weiss Decor*
- Torte Royale — *Kessko*
- Kuvertüreschablone — *Weiss Decor*
- Kuvertüren — *Kessko*
- Eis- und Temperiermaschine — *Eisforum*
- Girolle — *Weiss Decor*
- Silikonmatte — *Weiss Decor*
- Digitalwaage — *Eisforum*
- Sahneautomat — *Vaihinger*
- Refraktometer — *Eisforum*
- Mixstab — *Eisforum*

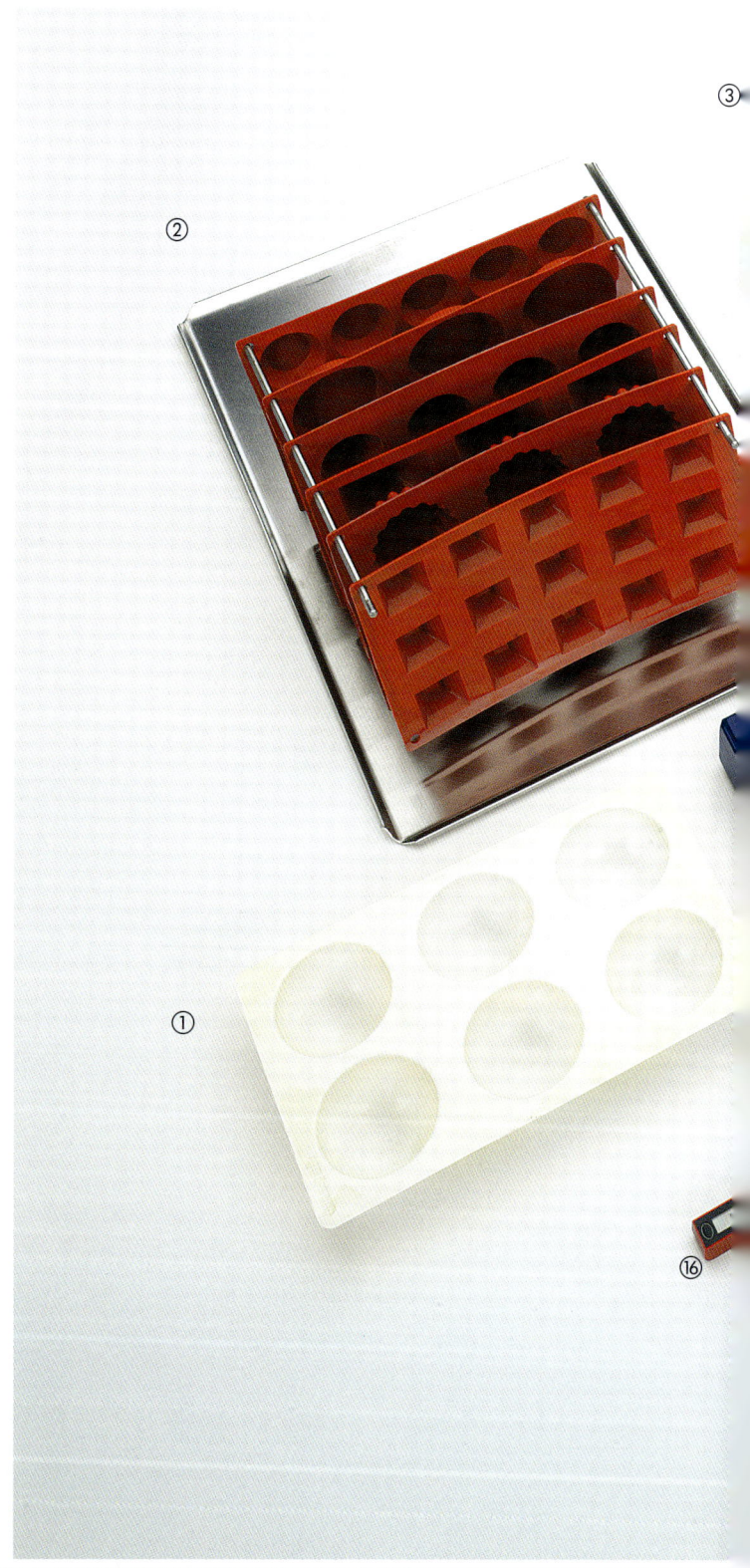

Basics
Zubehör

Rohstoffkunde

Agar-Agar
Aus Rot- oder Braunalgen. Für Fruchtgelee oder Tortenguss, bis hin zu Speiseeis und Parfait.

Bittere Mandeln
Zum Aromatisieren nur rohe bittere Mandeln verwenden, schälen ist nicht von Vorteil. Vorsichtige Dosierung, etwa 5 Prozent vom Mandel- oder Nussanteil. Die Blausäure geht durch Hitze (beim Backen) verloren.
Geeignet für alle abgezogenen, gekochten und gebackenen Produkte mit Nuss-, Mandel-, Marzipan- oder Persipananteil. Vor allem jedoch in Verbindung mit Schokolade, Kakao und Früchten (kandierte, gehackte frische Kompotte).
Zum Beispiel Cremes mit/oder über Äpfel, Birnen, Aprikosen, Pflaumen usw.

Dextrineglasur
Geröstete, mit Wasser aufgekochte Stärke.

Eiweißglasur
5 Teile Puderzucker und 1 Teil Wasser verrühren, eventuell mit etwas Zitronensaft abschmecken.

Fadenglasur
$1/2$ Teil Zucker mit 1 Teil Wasser gut durchkochen, für Lebkuchengebäcke.

Fondant
Mit oder ohne Säure, jedoch immer mit Glucosesirup gekochte Zuckerlösung, die durch Spaltung (Luft unterarbeiten) weiß wird.

Fruchtgelee
Beispielsweise für Obsttorten, Gelatineanteil je Liter 30 bis 40 g.

Gummiarabikum
Pflanzengummi zum Abglänzen von Lebkuchen oder Marzipan.

Gelatinemix
Wird gerne an Stelle von Stabilisatoren dem Eis und Sorbet zugegeben.

Mischungsverhältnisse
Blattgelatine: Platin 1 zu 8 in Wasser einweichen und auf 30 bis 35 °C erhitzen.
Gold/Silber 1 zu 7 in Wasser einweichen und auf 30 bis 35 °C erhitzen. Dieser Gelatinemix ist 1 Woche im Kühlhaus lagerfähig. Durch einen Gelatinemix hat man immer die gleiche Bindefähigkeit. Gelatine, die zu stark erhitzt wird, verliert ihre Bindefähigkeit, da der Leim zerstört wird.

Kuvertüre
Überzugsmasse, hat weniger Zucker und mehr Kakaobutter als Schokolade.

Krokant
Geschmolzener Zucker mit einem Mandelanteil von 25 Prozent.

Läuterzucker
Normalerweise 1 zu 1 Zucker und Wasser, wird aufgekocht, abgeschäumt und hat eine Dichte von mindestens 24 °Bé.

Marzipanrohmasse
Besteht zu $2/3$ aus Mandeln und zu $1/3$ aus Zucker, wird unter Vakuum abgeröstet. Darf bis 1 zu 1 mit Puderzucker angewirkt werden.

Nugatmasse
Haselnuss-/Mandelprodukt mit 50 Prozent Zuckeranteil.
Fettanteil Mandeln = 28 Prozent,
bei Haselnuss = 30 Prozent.

Orangenschale
Vorsichtige Dosierung. Geeignet für Schokoladenkuchen, Makronengebäck, Mandelkuchen, Puddings, Kokoseis, Gebäck, Buttermilch-/Joghurtsorbet, Erdbeersorbet, Saucen und Fruchtsalat.

Petits Fours
Kleine süße Happen mit diversen Füllungen. Von Marzipan über Konfitüre und Alkohol bis Buttercreme.

Pomeranze
Bitterorange. Geschmack lagert sich an Fett an. Vorsichtige Dosierung.
Geeignet für Fruchtcremes, helle Rührteige, Quark- und Joghurtdesserts, Käsekuchen, Früchtekuchen, Makronen und Weihnachtsgebäck.

Safran
Die Safranpflanze ist eine Krokusart, die unseren Herbstzeitlosen ähnelt. Von den frisch gepflückten Blüten werden sofort die gelben Narben abgezwickt und rasch getrocknet. Man braucht die Narben von etwa 80 000 Blüten, um 1 Kilogramm Handelsware zu erzeugen. Safran hat eine starke Farbkraft, denn von 0,01 g Safran werden noch 3 Liter Wasser gefärbt. Geeignet für Kuchen und Gebäck, zum Beispiel Kringel und Brezeln, sowie Milchreis, Grießbrei und Pudding. Bevor man Safran verwendet, muss man ihn immer zuerst in etwas heißem Wasser auflösen.

Schokoladenglasur
Fondant mit Schokolade anrühren.

Tonkabohne
Dosierung wie Muskatnuss. Der Geschmack lagert sich an Fett an. Geeignet für Quarkgebäck, Quarkspeisen mit Sahneanteil, eierreiche Mürbeteige, alle gekochten und gebackenen Produkte mit Kakao.

Vanille
Die Vanille ist die längliche Kapselfrucht einer in Mexiko heimischen Kletterorchidee. Zunächst werden die noch unreifen gelblichen Früchte mittels Feuchtigkeit und Wärme fermentiert. Die jetzt schwarzbraunen Schoten müssen trocknen und gewinnen danach erst ihr Aroma durch das Vanillin, das sich gebildet hat. Die Qualität der Vanilleschote hängt von ihrer Größe und dem Gehalt an Vanille ab. Geeignet für süße Gerichte, beispielsweise werden alle Arten von Cremes, Flammeris und Backwerk noch feiner im Geschmack und Duft durch Vanille. In Flüssigkeit kocht man ein Stück Vanille mit, während man für Kuchenteig und Schlagsahne die Schote aufschlitzt und das Mark ausschabt.

Wiener Masse
Biskuitmasse mit bis zu 50 Prozent Butteranteil auf Mehl-/Stärkeanteil bezogen.

Zimt
Zu viel ergibt einen zu scharfen Nachgeschmack. Für Cremes, Eis, Sorbets und Parfaits am besten Stangenzimt auslaugen. Geeignet für Kirschen, Aprikosen, Pflaumen und Äpfel. Für Kompott nur Stangen verwenden. Für alles in Verbindung mit Haselnüssen.

Zitronenschale
Vorsichtige Dosierung. Geeignet für Vanilleeis, Eispunsch, Bayerische Creme, Weincreme, Biskuitmassen, Rührmassen, Quark- und Joghurtprodukte. Schale in heißen Grundmassen/Cremes ziehen lassen. Für alle anderen Produkte vorsichtig abreiben und mit Zucker zu gleichen Gewichtsanteilen kühl und trocken lagern.

Zuckercouleur
Geschmolzener Zucker über 160 °C erhitzt und mit Wasser abgelöscht.

Fachbegriffe

Abziehen (zur Rose)
Erhitzen bis an den Punkt der Bindung (etwa 85 °C). Bei der so genannten Rosenprobe wird ein Spatel in die Flüssigkeit getaucht und darauf geblasen. Es sollte sich bei richtiger Temperatur eine Art Rose bilden, die nicht mehr verläuft.

Abrösten
Abgeröstet werden Brandteige, indem das Mehl den kochenden, flüssigen Zutaten zugegeben wird. Die Masse zum Verkleistern der Stärke unter ständigem Rühren abrösten. Die komplette Masse muss sich wie ein Ballen vom Rand des Kessels lösen.

Ablöschen
Vorsichtige Zugabe einer Flüssigkeit (Wasser, Sahne, Alkohol, Fruchtsaft) in geschmolzenen Zucker.

Anschlagen
Massen werden warm oder kalt von Hand oder in der Anschlagmaschine angeschlagen.

Anwirken
Die Zutaten zu einem Teig verarbeiten. Marzipan anwirken.

Anziehen
Schokolade, Cremes oder Gelees während der Dauer des Absteifens.

Aprikotieren
Gebäckstücke mit heißer Aprikosenkuvertüre bestreichen. Dieses erhöht den Wohlgeschmack und erhält den Glanz der Glasur.

Baba
Feiner Hefeteig mit Früchten (Rosinen).

Baisermasse
Eiklar mit Zucker aufgeschlagen für Böden, Dekors oder Basismassen.

Blanchieren
Kurzes Einlegen in kochendes Wasser oder Zuckersud (auch aromatisiert). Das zu blanchierende Produkt muss fest bleiben.

Biskuit
Leicht bekömmliches Backwerk für Böden, Kapseln usw.

Charlotte
Gestürzte Sahnecreme, die mit einer gebackenen Kruste umgeben wird.

Dressieren
Mit einem Spritzbeutel in gewünschter Form zum Garnieren.

Einsetzen
Verfüllen von Sahne- oder anderen Cremes und Eisspeisen in Formen oder Ringen.

Flambieren
Bezeichnung für Abflämmen, Absengen.

Flammeri
Ein abgeflämmter Pudding.

Fleuron
Ungefülltes, halbmondförmiges Blätterteigstück.

Ganache
Pralinen und Trüffelmasse. Wird auch als Überzug eingesetzt. Standardrezeptur: 1 Teil Sahne, Spritzglasuren, Schokolade und/oder Früchte.

Gelieren
Sahne, Cremes, Gelees durch Beigabe von Bindemitteln binden.

Gerinnen
Buttercreme, Ganache, Nugat usw. gerinnt durch die Zugabe von Flüssigkeit (zu geringer Fettgehalt) oder durch zu starke Erwärmung der Masse.

Glasieren
Überziehen von Torten, Desserts und Gebäckstücke mit Fondant.

Grillage
Tortenmasse mit gestoßenem Krokant.

Grillieren
Überziehen von Mandeln und Nüssen mit einer Schicht aus geschmolzenem Zucker. Überbacken von Schaummassen durch das Bestreuen mit Zucker, der im Ofen zum Schmelzen gebracht wird.

Kandieren
Marzipan, Früchte oder Gelees mit einem dünnen Zuckerüberguss versehen.

Karamellieren
Mandeln, Nüsse, Früchte usw. mit Karamell (gekochter Zucker, 145 °C) überziehen.

Marinieren
Einlegen von Lebensmitteln in ein flüssiges Medium (Sud oder Alkohol).

Meringe
Schaumgebäck aus Eiweiß und Zucker (italienischer Baiser).

Passieren
Eine pürierte Frucht oder eine Creme durch ein feines Haarsieb streichen.

Pasteurisieren
Erhitzen, um Keime abzutöten. In der Regel auf 85 °C oder 65 °C. Bevorzugte Anwendung bei der Herstellung von Speiseeis. Langzeitpasteurisation ist das Erhitzen auf 65 °C mit einer Heißhaltezeit von 32 Minuten. Kurzzeitpasteurisation ist das Erhitzen auf 85 °C bei einer Heißhaltezeit von 4 Sekunden.

Patissier
Bezeichnung für den Süßspeisenkoch und (Hotel-)Konditor

Petits Fours
Kleine verschieden gefüllte und glasierte Backwerke.

Salamander
Quarzröhrengrill mit starker Oberhitze zum Abflämmen und Überbacken (Gratinieren).

Silpatfolie
Hitze- und kältebeständige Silikonmatte zum Backen und Frosten. Eignet sich für die Temperaturbereiche von +280 °C bis −60 °C.

Soufflé
Bezeichnung für einen Auflauf.

Stürzen
Creme- und andere Speisen aus der Form nehmen.

Tablieren
Kuvertüre auf einer Marmorplatte vermischen bzw. verstreichen, um diese abzukühlen. (Siehe auch bei Temperieren von Kuvertüre.)

Temperieren
Kuvertüre, Nugat oder Fondant auf die richtige Temperatur bringen.

Tourieren
Butter wird in Hefe- oder Blättergrundteig eingeschlagen, mehrmals ausgerollt und in bestimmter Reihenfolge wieder zusammengelegt. Hierdurch entsteht die Schichtung des Teigs.

Tortelett
Kleiner Mürbeteigboden mit Rand.

Vol-au-vent
Große, hohe Pastete, die nach dem Backen gefüllt wird (Pastetenhaus).

Zesten
Abgezogene, dünne Streifen von Fruchtschalen mit einem so genannten Zestenreißer.

Register

A

Angemachter Schafskäse
in der Körnerschnecke   184
Amarettini-Plätzchen   55
Apfelchips   172
Apfelgelee   132
Apfel im Schlafrock mit Vanillesauce   131
Apfel im Schlafrock mit Vanillesauce,
Tagesdessert   136
Apfel-Joghurt-Gelee mit Cassissauce   132
Apfel-Joghurt-Gelee mit Cassissauce,
Tagesdessert   136
Apfelsüppchen mit Grießwürfeln   130
Apfel-Wein-Sauce   137
Apfelragout   137
Aprikosenchutney   179
Arrangement von frischen Früchten   100

B

Banana Sunrise   166
Bananengondel   159
Bananeneis   170
Bayerische Creme, handwerklich   78
Bayerische Creme,
im Pasteurisierer hergestellt   80
Bayerische Creme im Glas   104
Beschwipste Portweinbirnen   45
Beschwipste Portweinbirne, Tagesdessert   60
Beschwipste Williamsbirnchen   45
Biskuitboden, dunkel   188
Biskuitboden, hell   188
Blätterteig   191
Blanchierte Limonenscheiben   119
Blitzmousse   156
Blitzmousse mit Knusperflorentinern   160
Bottermelk-Pyramide   155
Bottermelk-Pyramide, Tagesdessert   161
Brandteigschwäne   38
Brandteigschwäne, gefüllt mit Mousse Blanc   38
Brickteig   191
Brickteigblätter, zerknittert   107
Brickteigsäckchen an Mandelnugat   148
Brie, mit Calvados flambiert   185
Burgunderreis   125
Buttermilchsorbet   94

C

Calvados-Karamell   97
Camembert im Schinkenpaket   179
Campari Orange   63
Cassisfruchtmousse in Schokocups,
geeistes   42
Cassissauce   132/168
Champagnergelee   126
Champagnerparfait   125
Champagnerparfait auf Geleespiegel   126
Charlotte au Café   145
Charlotte au Café mit Mascarponeschaum   148
Cointreau-Creme   82
Cointreau-Creme
mit kandierten Zwergorangen   105
Coupe Melon   164
Cool Champagner   163
Coppa Tiramisu   162
Crème Inglese   142
Crème Patissière   142
Creme-Sorbet im Weizenbad   119
Creme-Sorbet im Zuckernest   118
Creme von Altbier   83
Creme von Altbier
mit karamellisierten Babyäpfeln   107
Creme von Iserlohner Pilsener   116
Creme von Iserlohner Pilsener mit Banane
und Ahornsirup   118
Creme von Iserlohner Pilsener
mit Schaumwölkchen   119
Creme von weißer Schokolade   84
Creme von weißer Schokolade
mit flambierten Babybananen   108
Crêpes   59

D

Deckmasse   188
Dekorkapsel, handwerklich   188
Dekorkapsel mit Backschablone   155
Dekorkapsel, rationell   189
Dessertgebäck   54
„Die Beschwipste"   62
Dunkles Schokoladenmousse   156
Dunkles-Weizenbier-Creme-Sorbet   116

E

Eierlikörsauce 49
Eierpunsch-Rouletts 156
Eierpunsch mit Rumtopf 161
Eisbombe „Baron Gilbert" 135
Eisbombe „Baron Gilbert", Tagesdessert 137
Eiscup Schwanensee 64
Eiserkuchen 87
Eiskaffee „Schottisch" 158
Eistagliatelle 167
Eiweißspritzglasur 99
Erdbeer-Basilikum-Sauce 173
Erdbeeren im Körbchen 100
Erdbeeren mit Pernod 103
Exotische Früchte mit Peppermint-Creme
 und Kokoscrisp 106

F

Feigenspalten 183
Flambierte Babybananen 108
Fliederbeersüppchen
 mit marinierten Trauben 122
Fliederbeersüppchen mit marinierten Trauben
 und Weißweinsorbet 127
Friesenteeparfait 46
Frischkäse mit Datteln 180
Frutti di Bosco 166
Fruchtsalat mit Grand-Marnier-Sauce 102
Fruchtsauce oder Fruchtpüree 98

G

Gebrannte Walnüsse 60
Geeistes Apfelsüppchen 136
Geeistes Apfel-Zimtmousse 134
Geeistes Apfel-Zimtmousse
 mit warmer Apfel-Wein-Sauce 137
Geeistes Campari-Orangen-Fruchtmousse 48
Geeistes Cassisfruchtmousse
 in Schokocups 42
Geeistes Süppchen von Pilsner Urquell 118
Geeistes Süppchen von Pilsener Urquell
 mit Schaumwölkchen 144
Gewürzblätter, knusprig 123
Glühweincreme mit Traubenragout
 und knusprigen Gewürzblättern 123
Glühweincreme mit Traubenragout und knusprigen
 Gewürzblätter, Tagesdessert 127
Grand-Marnier-Sauce 86
Grießwürfel 130
Gröstl 175

H

Haselnussbaiserboden 190
Haselnussgebäck 146
Heidesand 146
Heidelbeereis 170
Helles Schokoladenmousse 156
Himbeeren mit Vanilleeis und Weinschaum 104
Hippengebäck 54
Honigparfait 46

J

Joghurteis 168
Joghurt Frappé 163
Joghurt für Eisbecher 168
Joghurtgelee 132
Joghurt Tropicana 162

K

Kaffee-Rum-Füllung 145
Käsebrandteig 180
Käsecrêpes mit rotem Apfelsorbet 177
Käseeisbecher mit buntem Allerlei
 und Brotringen 177
Käseblätterteig 186
Käsebrezel 187
Käselinchen 186
Käsetaler 186
Käse in der Knolle 176
Kandierte Zwergorangen 105
Karamell 198
Karamellisierte Babyäpfel 107
Karamellisierte Kokosnussscheiben 103
Kentucky-Bourbone-Creme 82
Kentucky-Bourbon-Creme
 auf Karamell 105
Kirschbeignets 102
Knusperflorentiner 157
Knusperbrösel 104
Kokoscrisp 106

Register

Kokoseis 91
Konfekt von der Ziege 182
Körnerschnecken 184
Kristall-Sorbet von hellem Weizen 117
Kristall-Sorbet von hellem Weizen
   mit Birnenlikör 119
Kürbis-Ingwer-Confit 184

L

Läuterzucker 198
La tortina fredda 165
Löffelbiskuits 149
Litschi-Fruchteis 168

M

Macedonia 167
Mandelbiskuitfüllung 101
Mandelbiskuitkrustade 189
Mandelblätter 55
Mandelmürbeteig 101
Mandeltörtchen mit Johannisbeeren
   und Buttermilchsorbet 101
Mango-Erdbeer-Carpaccio,
   überbacken mit Quarksoufflé 106
Mascaponeschaum 149
Marinierte Trauben 122
Marinierte weiße Pfirsiche 109
Maracuja-Creme 81
Mascarpone, Gorgonzola und Gloster Äpfel 172
Milcheis Haselnuss 169
Milcheis Tiramisu 169
Milcheis Walnuss 171
Milchreis 52
Milchreis mit Zimtpflaumen 64
Minzsauce 95
Mousselinecreme 143/157
Mousse Blanc 40
Mousse Blanc auf Schokoladenspaghetti 56
Mousse-Burger 56
Mousse von edelbitterer Schokolade 44
Mousse von edelbitterer Schokolade
   an Birnen-Carpaccio 56
Mousse von edelbitterer Schokolade
   mit Kirsch-Crêpes 59
Mousse von edler Vollmilchschokolade 44

Mousse von dunklem Starkbier
   mit Pumpernickel und Rübenkraut 115
Mousse von dunklem Starkbier mit Pumpernickel
   und Rübenkraut, Tagesdessert 118
Mousse von Ziegenkäse 181
Munsterkäse, in Waldhonig gebeizt 174
Mürbeteig 142

N

Nussgigant 164

O

Orangen-Variegato 43

P

Panna Cotta auf Orangen-Variegato 43
Panna Cotta auf Orangen-Variegato,
   Tagesdessert 63
Parfait Taormina 48
Parfait von Heidehonig und Friesentee 46
Parfait von Heidehonig und Friesentee,
   Tagesdessert 62
Peppermint-Creme 83
Pfirsich Melba 109
Pink-Grapefruittropfen 154
Pitahaya-Sorbet 90
Portweingelee 60

Q

Quarksoufflé mit rosa Grapefruit 178
Quarksoufflémasse 106

R

Rahmkaramellsauce 50
Rieslingsorbet 126
Roquefort mit Walnüssen und Lavendel 176
Rosa Grapefruit 178
Rote Grütze 51
Rote Grütze mit Vanillesauce 62
Rote Pfeffersauce 181
Royale-Biskuitkapsel 190
Royal-Sauce 137
Rumpunsch Montego 103

S

Sauerrahmeis 170
Sauerrahmmousse mit Kirschbeignets 102
Sauerrahmmousse, Knuts 96
Savarins mit Füllung 143
Savarin mit Rotweinschaum 148
Schafskäse und Pepperoni im Speckmantel 182
Schokoladenbänder 194
Schokoladencups 195
Schokoladendekors 195
Schokoladendekors mit Schablone 193
Schokoladeneis 169
Schokoladenfächer 195
Schokoladengitter 194
Schokoladenkapsel 190
Schokoladenröllchen 195
Schokoladensauce 168
Schokoladenspaghetti 194
„Schwanensee", eine Sinfonie in Weiß 58
Schwarz auf Weiß 58
Schwarz-Weiß-Gebäck 146
Spaghetti „Carbonara" 158
Spaghetti-Eis mit Erdbeersauce 158
Sirup zum Tränken 143
Sorbet von grünem und rotem Apfel 47
Sorbet von grünem und rotem Apfel, Tagesdessert 61
Soufflé von Ziegenfrischkäse 183
Spinnzucker 197
Splittereistorte 65
Splittereisvariationen 49
Strohkartoffeln 179
Süßer Tropfen von Pink-Grapefruit 160
Süppchen von Iserlohner Pilsener, Geeistes 118

T

Taormina 62
Tarteletts mit exotischen und heimischen Früchten 142
Tartelett von exotischen Früchten 148
Tartufo Spezial 165
Törtchen von Ziegenkäse 184
Topfencreme 93
Topfencreme auf Zimtpflaumen 104
Topfenknödel mit Gröstl und Zimtpflaumen 175

Traubenragout 123
Trilogie von edlem Schokoladenmousse 57

V

Vanilleeis 88
Vanilleparfait 85
Vanillesahne, halbfest 92
Vanillesauce 53

W

Waldbeerentopping 170
Walnuss-Marzipan-Füllung 144
Walnuss-Marzipan-Säckchen 144
Weincreme 124
Weinschaumsauce (Sabayon), warm 89
Weißweinsorbet 126
Weißschimmelkäse im Blätterteigschiffchen mit Erdbeer-Basilikum-Sauce 173
Welfenspeise 124
Welfenspeise, Tagesdessert 127
Williamsbirnchen mit Weinschaum und Vanilleeis 58

Z

Zimtpflaumen 52
Zitroneneis 169
Zuckerfaden 199
Zuckerkuppel 199
Zuckerscherben 198
Zuckersirup 196
Zuckerspirale 199
Zuckertropfen 199

Bezugsquellen

Bezugsquellen

Wir danken den folgenden Firmen für die freundliche Unterstützung durch die zur Verfügung gestellten Geräte und Produkte:

ACA Fotostudio GmbH
Im Turm 37
58675 Hemer
Tel. (0 23 72) 96 59-0
Fax (0 23 72) 96 59-20
Internet: www.aca-fotostudio.de

Boiron Frères S.A.
1, Rue des Glacièrs
F-94538 Rungis Cedex
Tel. (0033) 1 45 60-73 32
Fax (0033) 1 46 86-52 72
Internet : www.boironfreres.com

Bombasei Decor AG
CH-8606 Nänikon
Tel. (0041 1) 9 41 14 11
Fax (0041 1) 9 41 40 81
Internet: www.bombasei.ch

Bravo S.p.A.
Via della Tecnica 5
I-36075 Montecchio Maggiore
Vicenza
Tel. (0039 04 44) 70 77 00
Fax (0039 04 44) 49 93 33
Internet: www.bravo.it

Eisdesign
Horst Birekhoven
Pfarrer-Jäger-Straße 40
53909 Zülpich-Ülpenich
Tel. (0 22 52) 24 11
Fax (0 22 52) 29 04
Internet: www.eisfiguren.de

Eisforum GmbH & Co. KG
Hegestück 11
58640 Iserlohn
Tel. (0 23 71) 43 61 20
Fax (0 23 71) 43 61 21
Internet: www.eisforum.de

ELGE gel-o-mat
Eismaschinen Elektrogesellschaft mbH
Wiedenbrücker Straße 47
59555 Lippstadt
Tel. (0 29 41) 9 60 50
Fax (0 29 41) 69 83
Internet: www.gel-o-mat.de

Friesland Madibic Food Service GmbH
Auf der Hüls 120
52068 Aachen
Tel. (02 41) 9 68 49-0
Fax (02 41) 16 58 72
Internet: www.frieslandmadibic.com

KESSKO Kessler & Comp. GmbH & Co. KG
Königswinterer Straße 11–21
53227 Bonn
Tel. (02 28) 40 00 00
Fax (02 28) 4 00 00 77
Internet: www.kessko.de

Peter Franken GmbH
Industriestraße 7
40822 Mettmann
Tel. (0 21 04) 1 40 6-0
Fax (0 21 04) 1 40 6-10
Internet: www.pefra.de

UNOX
DUEX GmbH
Oberer Westring 22
33142 Büren/Westfalen
Tel. (0 29 51) 9 87 60
Fax (0 29 51) 98 76 29
Internet: www.unox-oefen.de

Vaihinger GmbH
Horstweg 23
65520 Bad Camberg
Tel. (0 64 34) 94 05-0
Fax (0 64 34) 94 05-99
Internet: www.vaihinger.com

Viluca
Fa. Lölsberg
Seefeldstraße 20
97273 Kürnach
Tel. (0 93 67) 98 18 90
Fax (0 93 67) 98 18 91
Internet: www.viluca.de

Weiss Decor GmbH
Wiedengasse 25
A-6840 Götzis
Tel. (0043 55 23) 5 84 80-0
Fax (0043 55 23) 5 84 81-9
Internet: www.weissdecor.com

WMF Württembergische Metallwarenfabrik AG
Eberhardstraße
73309 Geislingen/Steige
Tel. (0 73 31) 2 51
Fax (0 73 31) 4 53 87
Internet: www.wmf.de

Für Anregungen oder Rückfragen bezüglich der verschiedenen Produkte oder Bezugsquellen stehen die Autoren unter nachstehender Anschrift gerne zu Ihrer Verfügung.

Autorengemeinschaft
U. Koch & F. Biermann
Im Hause Eisfachschule
Hegestück 11
58640 Iserlohn
Tel. (0 23 71) 97 47 44
Fax (0 23 71) 97 47 45
Internet: www.eisfachschule.de
E-Mail U. Koch: info@eisfachschule.de
E-Mail F. Biermann: franz_biermann@freenet.de

Autoren/Impressum

Uwe Koch

Mit Abschluss der Meisterprüfung im Konditorenhandwerk begann die Lehr- und Wanderzeit für Uwe Koch erst richtig. Nach einigen Meisterstellen im In- und Ausland wurde er 1997 in seiner Heimatstadt Iserlohn sesshaft und gründete dort die bisher einzigartige Ausbildungsstätte im Speiseeishandwerk, die Eisfachschule Iserlohn.

Seit dieser Zeit trainiert und schult er die Eishersteller aus dem gesamten europäischen Raum während seiner regelmäßig stattfindenden Speiseeisseminare.

Auch die Industrie bedient sich häufig seiner modernen und verkaufsorientierten Rohstoffkenntnissen, um ihre Produkte zu testen oder zu optimieren. Selbst die Kontrollbehörden der Lebensmittelüberwachung nutzen seine Fachkompetenz. Gemeinsam wurde schon so mancher schwierige Fall gelöst.

Im Anschluss an sein Erstlingswerk „Eis", welches mit der Silbermedaille der GAD (Gastronomische Akademie Deutschlands) ausgezeichnet wurde, erscheint mit diesem Fachbuch eine Kooperationsarbeit zwischen dem Küchenmeister Franz Biermann und dem Konditormeister Uwe Koch.

Franz Biermann

Nach Abschluss der Konditorlehre volontierte Franz Biermann in verschiedenen namhaften Restaurants. Seine Meisterprüfung legte er nach dem Besuch der Hotelfachschule in Heidelberg ab.

Nach seiner Tätigkeit als Küchenchef machte er sich 1982 selbstständig. Mehr als 15 Jahre unterhielt er einen gastronomischen Betrieb mit Partyservice, und er machte sich auch im überregionalen Raum einen Namen durch qualitativ sehr hochwertige und innovative Buffets.

Seit dem Verkauf dieses Unternehmens im Jahre 1997 arbeitet er freiberuflich als Berater für gastronomische Betriebe und für Unternehmensverbände. In Kooperation mit der Eisfachschule Iserlohn entwickelt er neue Rezepturen rund um die moderne Küche und die Patisserie. Er ist ständig im kulinarischen Auftrag unterwegs.

Franz Biermann sucht immer wieder neue Betätigungfelder. So nahm er die Herausforderung der Autorentätigkeit und Zusammenarbeit mit Uwe Koch gerne an.

ISBN 3-87516-334-6

Alle Rechte vorbehalten. Nachdruck, auch auszugsweise, sowie Verbreitung durch Fernsehen, Film und Funk, durch Fotokopie, Tonträger oder Datenverarbeitungsanlagen jeder Art nur mit schriftlicher Genehmigung des Verlags gestattet.

Fotografie: ACA Studio GmbH, Hemer
© 2004, Matthaes Verlag GmbH, Stuttgart
Printed in Germany